밀리테크4.0

기술전쟁시대,
첨단 군사과학기술을 통한
경제혁신의 전략

mili
TECH

밀리테크4.0

매일경제 국민보고대회팀 지음

매일경제신문사

안보와 성장은
한국형 군사과학기술로

미국과 중국의 패권 경쟁은 21세기 세계 정치 무대에서 가장 중요한 화두입니다. 경제 성장 둔화와 수출 감소 등 다양한 대내외 도전에 직면한 미국이 21세기에도 패권국의 지위를 유지할 수 있을까요? 가파른 경제 성장을 지속해온 중국이 미국을 넘어서는 패권국으로 부상할 수 있을까요? 세계 양대 초강대국G2의 경쟁을 축으로 형성되는 21세기 힘의 정치를 이해하려면 다양한 영역에서 벌어지고 있는 미국과 중국의 경쟁 양상을 관찰하고 종합적으로 평가하는 것이 필요합니다.

〈매일경제〉 국민보고대회팀은 첨단 군사과학기술과 혁신innovation의 측면에서 중국의 패권 도전 양상을 분석했습니다. 군사과학기술은 유사 이래 전쟁의 승패를 가르는 군사력과 무기 체계 발전의 핵심 동력이었습니다. 구시대의 종말과 새 시대의 탄생을 가른 중요한 순간마다 기존의 패러다임을 무너뜨린 혁신적인 군사과학기술이 등장했습니다. 서구 근대 과학혁명과 이를 기반으로 한 산업혁명이 전개된 이후 군사과학기술은 인류의 성장을 추동해온 가장 중요한 원동력이었습니다.

미래 전쟁은 4차산업혁명에 기반한 새로운 기술의 영향으로 전장이 우주와 사이버 영역까지 확대되고 전투 수단은 무인 자율화할 것으로 예상됩니다. 인공지능AI, 양자 컴퓨터, 사이버 보안, 로봇, 5G5세대 이동 통신 등 민군 겸용dual-use 기술과 산업 분야에서 미국과 중국이 벌이는 경쟁의 승패는 21세기 패권의 주인공을 결정할 것입니다. 이미 양국은 미래전을 대비한 기술 혁신의 중요성을 인식하고, 혁신 역량 강화를 위해 다양한 노력을 기울이고 있습니다.

이러한 상황에서 한국이 다른 나라가 쫓아올 수 없는 기술을 확보한다면 군사적으로 감히 넘볼 수 없는 입지를 확보할 수 있으며, 경제적으로도 새로운 성장 동력으로 활용할 수 있습니다. 하지만 만약 그렇게 하지 못한다면 우리는 다시 세계 문명의 진화에 뒤처질지 모르며, 안위조차 위협받게 될 것입니다.

새롭고 혁신적인 군사과학기술이 곧 게임 체인저Game Changer입니다. 이를 가진 자는 승리의 기쁨과 성장의 달콤함을 동시에 누릴 것입니다. 한국형 군사과학기술로 안보와 성장이라는 두 마리 토끼를 잡아야 하겠습니다.

매경미디어그룹 회장 장대환

기술 패권 경쟁은
이미 시작되었다

"드디어"라는 말이 나오게 된다. 팍스 아메리카나Pax Americana에 도전장을 내민 일대일로一帶一路가 무역 전쟁으로 맞붙었기 때문이다. 2000년 이후 급격한 성장을 해오던 중국은 어느새 초강대국 미국과 함께 G2로 불리게 됐고, 커진 덩치만큼 국제 사회에서 영향력도 높아졌다. 아메리카 퍼스트America First로 미국을 지휘하게 된 도널드 트럼프 대통령이 이런 중국의 성장을 가만히 지켜볼 리 없다. 천문학적인 관세 부과를 무기로 중국 억누르기에 나섰고, 이에 고개를 숙일 리 만무한 중국은 보복 관세로 맞불을 놓았다.

2019년 2월 현재 양국은 무역 협상을 진행하곤 있지만, 뒤엉킨 실타래는 쉬이 풀어지기 힘들어 보인다. 두 나라의 격돌이 무역에서 그칠 것이 아니기 때문이다. 새로운 강대국이 부상하면 기존의 강대국이 이를 두려워하게 되고 이 과정에서 전쟁이 발발한다는 '투키디데스의 함정'은 이 시대에도 유효하다.

실제로 20세기 어느 나라보다 월등한 국력을 과시했던 미국은 자신의 자리를 중국에게 위협받고 있다는 사실을 서서히 인지하기 시작했다. 도널드 트럼프 대통령 취임 첫 해인 2017년 출간된 '국가 안보 전략NSS: National Security Strategy of the United. States of America' 보고서는 중국을 미국의 '전략적 경쟁자'이자 '현존 국제 질서의 도전자'로 규정했다. G2의 명칭도 두 나라를 나란히 이어 붙였던 '차이메리카차이나+아메리카'에서 두 나라의 대립인 '콘드래곤콘돌 VS 드래곤'으로 바뀔 가능성이 높다.

그렇다면 본격적인 전장戰場은 어디가 될 것인가? 〈매일경제〉 국민보고대회팀은 수많은 전문가의 자문을 받아 연구한 끝에 "무역전쟁의 이면에는 기술 패권 경쟁이 자리 잡고 있다"는 결론을 얻었다. 왜 기술일까? 기술은 전시에는 상대방을 제압할 수 있는 군사 무기의 뼈대가 되고, 평시에는 산업 발전을 견인하는 역군이 된다. 역사적으로 봐도 앞선 기술력을 지닌 쪽이 그렇지 못한 쪽에 승리했다. 철기 문명, 화약·화포, 비행기·잠수함, 핵무기가 각 시대별 앞선 기술력의 상징이다. 첨단 기술들은 먼저 전쟁을 위해 고안됐다가 후에 일반 산업에 강력한 영향을 끼쳤다. 군대가 첨단 기술의 테스트베드Test Bed 역할을 한 셈이다. 중국이 2018년 기준 1년에 1조 440억 위안(1,505억 달러, 약 170조 원)을 방위비에 쏟아붓는 것도 이와 궤를 같이한다.

시진핑의 군사 굴기와 트럼프의 관세 폭탄은 두 강대국의 기술 패권 경쟁이 시작됐음을 알리는 효시다. 〈매일경제〉 국민보고대회팀은 패권 경쟁의 본질을 '밀리테크miliTECH'라고 명명하기로 했다. 4차산업혁명 시대에 접어들면서 '밀리테크'도 4.0의 시대가 도래했다. '밀리테크4.0'의 미래 첨단 기술은 AI와 퀀텀 컴퓨팅, 로봇과 사이버 기술 등이다. 중국은 이미 AI 분야에서 관련 특허와 논문 수가 미국의 80% 수준을 넘어섰다. 진일보를 이룩한 기술력으로 '창어 4호'가 인류 최초 달 뒷면을 탐사하기도 했다. 미국은 확대 증편한 국방 예산의 상당 부분을 AI와 우주, 사이버 기술 분야 연구 개발R&D에 투입하기로 했다. 경쟁의 양상을 보면 가히 '기술 전쟁'이라 할 만하다.

이러한 상황에서 한국은 과연 무엇을 하고 있는가? 유감스럽게도 기술 패권 경쟁을 전쟁처럼 하는 두 나라와는 사뭇 다르게 한국은 아직 4차산업혁명에 안착조차 하지 못한 모습을 보이고 있다. 만약 여기서 계속 머물러 있게 된다면, 세계 10위권 경제 대국이라는 지위도 얼마 안 가 잃게 될 것이다.

뒤늦은 출발을 만회하기 위해 한국이 '밀리테크4.0'을 도입하고, 글로벌 기술 경쟁에 도태되지 않도록 노력할 필요가 있다. 제28차 국민보고대회 보고서가 나오게 된 이유가 여기에 있다.

1부 투키디데스의 함정을 통해 미국과 중국의 현 관계를 분석하고, 어떤 경쟁 양상이 벌어지고 있는지 들여다봤다. 미국과 중국의 과학기술이 어느 정도 수준인지, 어디를 목표로 하고 있는지, 독일이나 이스라엘 같은 다른 중견국Middle Power은 이 시기를 어떻게 대비하고 있는지 알아봤다. 과거 한국의 밀리테크라 할 수 있었던 반도체가 시장 축소라는 위기를 겪게 되면, 무엇을 차세대 밀리테크로 삼아야 하는지도 궁리했다.

2부에서는 역사적으로 밀리테크가 어떻게 발전해왔는지 짚어냈다. AI를 장착한 '드론 군단', 싸우기도 전에 이기는 상황을 만드는 '사이버 공격', 우주 공간에서 상대편의 인공위성이나 지상군을 공격하는 '우주 전쟁' 등 미래 기술을 통한 전쟁의 양상도 그려봤다. 그러면서 밀리테크가 어떻게 산업 사회를 바꿔왔는지도 분석했다. 안보와 성장을 동시에 달성할 수 있는 비결을 탐색한 것이다.

3부는 한국이 기술 강국으로 성장할 수 있는 전략을 제시했다. 현실적으로 '밀리테크4.0'을 어떻게 확보할 수 있을지에 대한 실행 계획Action plan을 세우고, 첨단 기술을 개발하는 인재들을 어떻게 육성해야 하는지에 대한 모범 사례를 조사했다. 군대와 산업 간 스핀-온·스핀-오프spin-on·spin-off 방안에 대해서도 고찰했다.

보고서를 토대로 펴낸 이 책은 무역 전쟁 이면에 도사리고 있는 기술 패권 무한 경쟁 시대를 조명하며, 한국이 이 시대에 살아남을 수 있는 방안에 대한 연구 결과를 집대성한 것이다.

IT 강국, 반도체 강국이라는 영광에만 머무른다면 다가오는 미래 첨단 기술 시대에 한국은 결코 주도적인 역할을 할 수 없을 것이다. 기술 패권 경쟁은 시작됐고, 이를 감지한 나라들도 일찌감치 뛰기 시작했다. 한국도 경쟁에 뛰어들 채비를 빨리 갖춰야 한다. 이 같은 문제적 상황을 정확히 인지하고, '밀리테크4.0' 강국의 반열에 올라설 지름길은 무엇인지 제시하는 안내서가 바로 이 책이 될 것이라 기대한다.

차례

━━━━ 1부 **기술 전쟁 시대** ━━━━

━━━ **2부** **밀리테크4.0** ━━━

3부　첨단 기술 강국

10 과학기술 인재 양성

milli
TECH

1부

기술 전쟁 시대

01
투키디데스의
함정

투키디데스의 함정

투키디데스의 예언이 정확히 들
어맞았다.《펠로폰네소스 전쟁
사》를 쓴 고대 그리스의 역사가
이자 장군인 투키디데스는 기존
의 패권 국가와 신흥 도전 국가
는 충돌을 피할 수 없다고 주장
했다. 지금 미국과 중국의 형국
이 꼭 그렇다.

　중국의 시진핑 국가주석은 강

▶ 아테네의 역사가, 장군 투키디데스 조각상

▶ 시진핑 중국 국가주석

대국으로서의 정체성, 중국식 발전 모델, 국제 사회에서의 적극적인
리더십 역할을 강조하면서 보다 근본적인 가치와 국제 사회 거버넌
스 차원에서 미국에 도전장을 내밀기 시작했다. 과거 중국의 지도
자였던 덩샤오핑은 1991년 '도광양회韜光養晦'를 강조했다. 도광양회
는 '재능을 드러내지 말고 해야 할 일을 조용히 진행하라'는 뜻이다.
반면 시진핑 주석은 2013년 취임 이후 도광양회를 언급한 적이 없
다. 대신 '분발해 성과를 이뤄낸다'는 뜻의 '분발유위奮發有爲'를 앞세

왔다. 마침내 2017년 12월에는 "어느 누구도 중국인에게 무언가를 지시할 수 있는 위치에 있지 않다"며 중국몽을 꺼내들었다.

이 같은 중국의 도전에 미국은 상당한 경계심을 품고 있다. 미국 갤럽의 여론 조사 결과에 따르면, 미국 국민들은 현재 최고 경제력을 가진 국가로 중국을 꼽고 있으며 이러한 인식은 2008년 이후 지속되고 있다. 다만, 2018년 미중 무역 전쟁 이후 중국이라는 응답이 줄고 미국이라는 응답이 늘어나 중국 44% 대 미국 42%로 근접한 상황이다. 향후 20년 동안 세계 최고 경제 강국이 될 국가는 어디인가라는 질문에 대해서도 미국 국민들은 중국이라고 답했다. 2012년 조사 시점에는 미국이라고 응답한 비율이 높았으나 2016년부터는 중국이라고 응답한 비율이 더 높았다. 결론적으로 미국인들은 중국을 가장 위협적인 경쟁자로 보고 있으며 중국의 부상에 적지 않은 우려를 갖고 있는 것이다.

투키디데스가 살았던 시기는 기원전 5세기다. 당시 그리스 지역의 패권 국가는 스파르타였다. 아테네는 힘이 스파르타에 못 미쳤다. 하지만 아테네가 두 차례 페르시아 전쟁에서 페르시아를 물리친 후에는 태도가 달라졌다. 아테네는 그리스 곳곳의 도시 국가들을 정복하며 세력을 넓혀갔다. 신흥 도전 국가로서 발돋움을 시작한 것이다.

기존 패권 국가인 스파르타는 아테네의 세력 확장에 위기감을 느꼈다. 실제 아테네의 능력보다 더 큰 위협을 느꼈다. 그냥 두었다가는 필연적으로 도전받을 것이라 직감했다. 반면 성장 가도에 들어선 아테네는 자신의 능력을 과대평가했다. 스파르타의 패권국 지위가 탐나기 시작했고, 얼마든지 그 지위를 차지할 수 있을 것이라 느꼈다. 이 같은 두 분위기가 궁극적으로 충돌한 것이 펠로폰네소스 전쟁(기원전 431~404)이다. 전쟁의 결말은 스파르타의 승리였지만 스파르타역시 많은 국력을 소모하는 바람에 결국 북쪽의 마케도니아에 패망했다. 투키디데스는 27년간의 펠로폰네소스 전쟁을 역사로 기록했다. 그것이《펠로폰네소스 전쟁사》다.

투키디데스는《펠로폰네소스 전쟁사》에서 아테네의 군사적 세력확장이 스파르타의 불안감을 자극했고 이것이 전쟁으로 이어졌다고 해석했다. 후세 사람들은 투키디데스의 이 같은 주장을 가리켜 '투키디데스의 함정'이라고 부른다.

투키디데스의 함정이 2,400여 년 만에 부활했다. 하버드대학교 케네디스쿨의 그레이엄 앨리슨 교수가《펠로폰네소스 전쟁사》를 재조명하면서 세계 패권을 놓고 다투는 1등 국가와 2등 국가는 충돌이 불가피하다고 진단했다. 그는 2012년 영국의 경제 전문지〈파이낸셜 타임스FT〉에 "역사적으로 투키디데스의 함정에 해당하는 사례가 16건 있었고 그중 12건이 실제 충돌로 이어졌다"는 내용의 기고문을 실었다.

그리고 이듬해 투키디데스 함정을 상세히 분석한《예정된 전쟁》이라는 책을 출간했다. 그레이엄 앨리슨 교수가 꼽은 투키디데스 함정의 최근 사례는 독일이 제해권을 쥔 영국에 대항해 일어난 유틀란트 해전(1916), 20세기 최강으로 떠오른 미국에 신흥 국가 일본이 도전한 태평양 전쟁(1941) 등이다.

〈FT〉는 2018년 '올해의 단어'로 투키디데스의 함정을 선정하면서 앨리슨 교수의 주장을 재차 상기시켰다. 미국과 중국 사이의 전방위적 갈등을 투키디데스 함정으로 설명할 수 있다는 것이다.

미-중 무역 전쟁

미국과 중국이 충돌한 첫 번째 양상은 무역 전쟁이다. 도널드 트럼프 대통령은 취임하자마자 아메리카 퍼스트를 내세우며 무역 적자 해소를 약속했다. 미국은 2018년 9월 30일 캐나다, 멕시코와 북미자유무역협정NAFTA 개정 협상을 하기로 했다. 동맹인 한국도 예외가 아니었다. 한미 FTA를 개정해 미국산 자동차와 약품이 한국에 더 많이 수출되도록 압박했다. 트럼프 대통령은 "수조 달러의 수출 대금이 미국으로 들어오고 미국에 새로운 일자리가 늘어날 것"이라고 공언했다.

하지만 미국이 시작한 무역 전쟁의 주요 타깃은 캐나다, 멕시코, 한국이 아니라 중국이었다. 세계은행, 경제협력개발기구OECD, 국제통화기금IMF 등 글로벌 주요 국제기구들이 하나같이 미중 무역 전쟁이 세계 경제에 악영향을 준다면서 즉각 중단을 촉구하고 향후 다가올 최악의 리스크로 지목했지만 트럼프 정부의 의지를 꺾을 수 없었다.

트럼프 행정부는 출범 6개월여 만인 2017년 8월 데이비드 멀패스 미국 재무부 차관과 왕서우원 중국 상무부 부부장이 워싱턴에서 벌인 실무 협상에서 53개 이슈를 들이밀면서 중국의 즉각적

▶ 도널드 트럼프 미국 대통령

인 행동을 요구했다. 중국은 미국이 요구한 53개 이슈를 142개 세부 항목으로 재분류하고 약 3분의 2에 해당하는 90여 개에 대해서는 수용하거나 협상할 용의가 있다고 했다. 그러나 미국은 중국의 제안을 거절하고 2,000억 달러의 추가 관세 부과로 위협했다. 해당 협상 결렬 이후 중국은 11월 자신들의 입장을 후퇴 조정하고 다시 142개 세부 항목을 제시했다. 이때 중국은 142개 항목에 대해 수용 가능, 협상 가능, 수용 불가로 구분해 의견을 밝혔다. 트럼프 대통령은 당시 중국 협상안에 대해 "꽤 완전한 목록이다. 우리가 요구한 많은 것이 담겨 있다"면서도 "아직은 받아들일 수 없다. 3~4개의 중요한 사안이 빠졌다"고 했다. 미국은 중국이 제시한 수용 불가 관련 내용에 대해서도 중국의 양보를 요청했던 것이다.

중국의 142개 양보안에 대한 미국의 반발로 전면전으로 치달을 것으로 보이던 미중 무역 전쟁은 2018년 12월 트럼프 대통령과 시진핑 주석 간의 합의로 90일 동안 휴전에 돌입했으며 양국은 2019년 3월 1일까지 협상을 지속하기로 했고 이 기간 동안 무역 전쟁을 중지하기로 합의했다. 이 기간의 미국과 중국은 차관급 무역 협상을 통해 일부 진전을 보았으나 지식 재산권, 중국 정부의 보조금 지급 등 핵심 쟁점에서는 이견을 좁히지 못했다. 중국이 미국 농산물과 천연가스 등 미국 제품 및 서비스를 더 많이 구매하고 자국의 금융 시장을 더욱 개방하겠다고 약속하는 등 긍정적 진전이 있었지만, 중국에 진출한 미국 기업에 대한 기술 이전 강요 금지 명문화와 중국 정부의 국영 기업에 대한 보조금 지급 중지 등 핵심 쟁점에 대한 이견은 좁히지 못한 것이다.

미국은 2019년 1월 현재까지 2,500억 달러 상당의 중국산 수입품에 관세를 부과하고 무역 흑자를 해소하라며 중국을 압박하고 있다. 트럼프 행정부는 이미 연간 5,000억 달러가 넘는 중국산 수입품의 거의 절반에 해당하는 상품에 대규모 관세 조치를 시행했다. 2,000억 달러분에 대해서는 10%, 나머지에 대해서는 25%의 관세를 부과하는 방식이다.

트럼프 대통령은 일찌감치 중국을 겨냥하고 있었다. 대선 직전인 2015년 자신의 책에서 "중국은 저임금 노동력을 활용해 미국의 산업을 파괴했고, 수십만 개 일자리를 사라지게 했으며, 미국 기업들을 염탐하고 기술을 훔치고, 화폐 가치를 낮춰 미국 제품의 경쟁력을 떨어뜨렸다"고 정면으로 비난했다. 2016년 대선 유세 때도 "중국은 미국을 강간했다"며 흑색 발언을 서슴지 않았다. 실제로 2017년 미국의 대중 무역 적자는 3,752달러로 전체 무역 적자 5,660억 달러의 66.3%에 달했다.

민주당과 언론으로 대표되는 미국 주류 사회에서 트럼프 대통령에 대한 인기는 높지 않다. 오히려 반감이 더 크다고 보는 쪽이 맞다. 하지만 미중 무역 전쟁에 대해서는 트럼프 편을 들어주며 트럼프 정책에 힘을 실어주고 있다. 민주당은 트럼프 대통령과 거의 모든 사안에서 충돌하고 있지만 미중 무역 전쟁에 대해서만큼은 지지 목소리를 낸다. 트럼프 대통령이 2018년 3월까지 중국에 아무런 조치도 취하지 않자 민주당 지도자들은 트럼프에게 '종이호랑이'라고 비난하며 행동을 촉구했다.

척 슈머 당시 민주당 상원 원내대표는 "중국은 수백만 달러의 일자리와 수조 달러를 훔쳤다"고 압박했다. 낸시 펠로시 당시 민주당 하원 원내대표는 "트럼프 대통령은 불공정 시장 장벽에 대항해 더 강력한 입장을 취해야 한다"고 몰아세웠다.

언론도 중국의 지적 재산권 침해에 대해 강경한 태도를 지속적으로 보이고 있다. 트럼프 대통령에 각을 세우고 있는 〈뉴욕 타임스〉는 2017년 8월 기사에서 "거대한 미국 기업들은 경쟁사가 우위를 차지할 것이 두려워 지적 재산권과 영업 비밀을 강력히 보호한다. 그러나 중국에서는 선택의 여지가 없다. 중국 시장에 진출하기 위해 미국 기업들은 기술 이전, 합작 투자, 가격 인하, 자국 기업 지원 등을 강요받고 있다. 이런 행동들은 중국의 기업, 군대, 정부가 AI, 반도체 같은 핵심 기술 분야를 장악해야 한다는 시진핑 주석의 의도가 반영된 것"이라고 주장했다.

미국의 무역 압박에 처음에는 중국도 맞대응에 나섰다. 1,100억 달러 규모의 미국산 수입품에 똑같이 10% 또는 25%의 맞불 관세를 부과한 것이다. 하지만 보복은 또 다른 보복을 낳았다. 중국의 반격에 미국은 추가 보복으로 2,000억 달러 상당의 수입품에 부과한 10% 관세율을 2019년부터 25%로 올리기로 하고 2,670억 달러 규모 수입품에 추가 관세를 부과하겠다는 입장을 밝혔다. 추가 관세까지 부과되면 중국이 미국에 수출하는 거의 모든 상품에 관세가 매겨지는 것이다.

먼저 한 발 물러선 쪽은 중국이었다. 중국은 강한 자존심을 꺾고 미국에 협상안을 제시하는 등 타협을 모색하기 시작했다. 하지만 보복의 악순환이 두려워 물러선 것이 아니다. 당장 미국보다 중국이 불리하다고 판단했을 뿐이다.

미국은 트럼프 대통령 취임 이후 시행한 감세와 재정 지출 확대 정책으로 일자리가 완전 고용 수준에 도달했고, 기업 실적도 개선되는 등 경제 상황이 좋아 무역 전쟁을 견딜 수 있는 체력이 튼튼했다. 반면 중국은 높은 기업 부채 해결 등 구조 조정에 주력하며 그간의 고속 성장에 따른 연착륙을 모색하던 상황에서 무역 전쟁이 터지자 일단 작전상 후퇴를 결정한 것이다.

본질은 군사력 경쟁

미중 무역 전쟁의 기저에는 군사력 경쟁이 자리 잡고 있다. 군사적 충돌이 발생한다면 경제적 이해관계는 우선순위에서 한참 뒤로 밀릴 수밖에 없기 때문이다. 미국이 갖고 있는 패권에 도전하려는 중국의 야망은 너무 일찍 드러났다.

시진핑 국가주석은 2018년 신년사에서 처음으로 '강군몽強軍夢'을 언급했다. 이어 제19차 중국공산당 당대회에서 2050년까지 세계 일류 군대를 만들겠다는 구체적인 강군몽의 비전을 제시했다. 중국 정부는 이어 2018년 방위비 예산을 2017년 대비 8.1%나 상향 조정했다. 중국망에 따르면 중국의 2018년 방위비 예산 총액은 1조 1,100만 위안, 한화로 약 180조 7,000억 원 수준으로 역대 최고치를 기록했다. 중국의 방위비 예산 증가율은 2011~2015년까지 5년 연속 두 자릿수였으나 2016년과 2017년에 각각 7.6%와 7.0% 증가한 후 다시 8%대로 올라섰다.

2018년 기준 중국 국방 예산은 약 43조 원에 달하는 한국의 4.4배로 중국의 주요 상대국인 한국, 일본, 인도를 합친 액수보다 많다. 중국의 방위비 예산은 미국 6,920억 달러 다음으로 세계 2위다. 물론 단순 수치를 비교하면 아직 미국의 4분의 1 수준에 불과하다. 국내총생산GDP 대비 방위비 비율을 보더라도 1.3%로 미국의 3%에 훨씬 못 미친다. 하지만 방위비 분류 기준이 미국과 판이하게 달라 실제로는 미국 수준에 근접할 것이라는 분석이 지배적이다.

일례로 방위산업에 투입되는 금액이나 국방 R&D 예산 등은 미국의 경우 방위비로 집계가 되지만 중국은 방위비에 포함하지 않고 있다. 중국이 방위비 예산에 포함시키는 것은 실전 배치된 전략, 전술 무기 운용비와 인건비가 대부분이다. 뿐만 아니라 은닉 예산이 더 많을 것이라는 주장도 적지 않다. 따라서 중국의 실제 국방 예산은

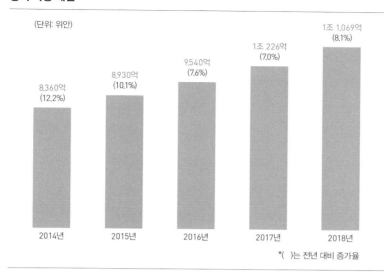

중국 국방 예산

(단위: 위안)

8,360억
(12.2%)
2014년

8,930억
(10.1%)
2015년

9,540억
(7.6%)
2016년

1조 226억
(7.0%)
2017년

1조 1,069억
(8.1%)
2018년

*( )는 전년 대비 증가율

출처: 신화통신

공개된 것보다 55~85%까지 더 많을 수 있다는 설명도 존재한다.

중국은 방위비 예산을 늘리는 것뿐 아니라 최신 무기와 군사 장비들을 대거 실전에 배치하는 데 나섰다. 홍콩 언론인 〈사우스 차이나 모닝 포스트scmp〉에 따르면, 중국이 최근 몇 년 동안 새로 개발한 핵심 무기들을 조만간 완성 또는 실전 배치할 예정이다.

우선 중국이 자체 기술로 건조한 두 번째 항공 모함 TYPE-001A가 2018년 세 차례 해상 시험을 거쳤고 이르면 2019년 실전 배치된다. 중국의 새 항공 모함은 레이더 시스템 고도화, 지휘 시스템 통합, 함재기 격납고 재설계 등으로 성능이 훨씬 진화했으며 32대의 전투기를 탑재할 수 있는 것으로 알려졌다. 현재 건조 중인 이지스급 구축함 TYPE-055도 배치 진행 중이다. 이는 세계 두 번째로 강력한 구축함으로 알려져 있으며 아시아에서는 최대 규모, 최고 성능이다. 이미 3척이 배치됐고 4척을 추가 건조 중이다.

새로 성능을 업그레이드한 수중 발사 탄도 미사일SLBM도 윤곽이 드러났다. 2018년 11월 시험 발사된 JL-3는 중국의 차세대 SLBM으로서 사정거리 1만 2,000km 이상, 다탄두 장착 가능 등의 성능을 갖췄다. 뿐만 아니라 새로운 핵 추진 공격용 잠수함 8척이 조만간 건조에 들어갈 것으로 예상됐다. 미국 국방부 보고서는 중국의 새 핵잠수함의 음향 기능이 대폭 개선돼 기존 모델보다 훨씬 조용하고, 수개월 동안 수중 임무를 지속할 수 있으며, 진화된 공격용 무기를 갖췄다고 분석했다.

중국은 또 5세대 스텔스 전투기 FC-31 함재기와 KJ-600 조기 경보기의 시험 비행과 성능 개선을 마치고 2019년 완성할 것으로 보인다. 차세대 스텔스 전략 폭격기 H-20도 곧 선보일 예정이다. 시진핑 주석이 내세우는 일대일로는 아시아 지역에 대한 미국의 영향력 차단과 아시아 지역에서의 중국 영향력 확대 목적이 뚜렷하다.

중국의 군사 굴기에 미국이 위협을 느끼지 않았을 것이라는 근거는 희박하다. 트럼프 행정부가 2017년 내놓은 국가 안보 전략NSS 보고서와 2018년 발간한 국방 전략NDS: National Defense Strategy 보고서는 2011년 9·11 사태 이후 처음으로 글로벌 테러리즘이 아닌 강대국 경쟁이 미국 국가 안보의 최우선 순위임을 밝히고 있다. 보고서는 특히 중국을 현상 변경 국가로 지목하고 미국의 경쟁자로 규정했다.

미국 월간지 〈애틀랜틱〉 보도에 따르면, 피터 나바로 백악관 국가 무역위원장은 중국이 미국과의 무역에서 번 돈으로 군비를 확충함

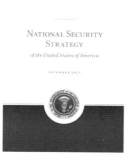

▶ 백악관이 발표한 미국 국가 안보 전략 보고서(왼쪽), 미국 국방 전략 보고서(오른쪽)

으로써 미국의 안보를 위협한다고 주장했다. 그러면서 중국에 대한 미국의 무역 적자는 국가 안보 리스크로 규정했다. 나바로 위원장의 인식을 수용한다면 미국의 중국에 대한 고율 관세 부과, 환율 조작국 지정, 기술 유출 금지, 해킹 방지, 환경 및 안전 기준 강화, 노동 기준 강화, 보조금 지급 금지, 타이완과의 군사적 관계 강화 등은 모두 중국의 군사 굴기를 견제하는 수단으로 볼 수 있다.

트럼프 정부는 중국에 맞대응해 2019년 방위비 예산을 7.2% 증액했다. 동맹국 인도, 일본과 함께 인도양에서 중국을 겨냥한 해상 군사 훈련을 시행하기도 했다. 군사 안보 분야에서 미국은 인도-태평양 전략을 더욱 구체화할 계획이다. 또 남중국해_{남지나해}상 항행의 자유 작전에 영국, 프랑스, 일본, 오스트레일리아 등이 본격적으로 참여하며 미국의 압박은 더욱 강화될 전망이다. 타이완과의 관계 개선, 타이완에 대한 미국 무기 수출 허용 등 '하나의 중국' 원칙에 반하는 외교적 조치들을 강행하면서 중국을 자극하고 있다.

미국 행정부뿐 아니라 의회 차원에서도 중국에 대한 견제와 강경

대응에 대한 초당적 합의가 존재한다. 2018년 미국의 중간 선거 결과 연방 상원은 공화당이, 하원은 민주당이 장악하는 분점 정부가 형성됐으나 중국 견제 기조에는 흔들림이 없다.

미국의 40% 룰 유효한가

패권 국가 미국이 다른 나라의 도전을 받은 것이 이번이 처음은 아니다. 미국이 세계 패권을 장악한 것이 1·2차 세계대전을 거치면서였으니 중국의 도전이 처음이라고 해도 크게 이상할 것은 없다. 하지만 미국이 최근 100년간 도전받은 사례로 구소련과 일본을 꼽을 수 있다. 두 나라 모두 미국에 도전장을 내밀었다가 패퇴한 바 있다. 물론 군사적 충돌로 이어지기 전에 미국이 경제적 압박 등으로 굴기를 꺾었다.

이 과정에서 거론되는 것이 미국의 40% 룰rule이다. 미국에 대항하는 국가의 경제 규모가 미국 GDP의 40%가 될 때 반드시 이를 꺾었다는 것이다. 도전 국가의 GDP가 미국 GDP의 절반을 넘어서면 미국으로서도 힘에 부치고, 이를 꺾으려면 미국의 경제적·군사적 출혈이 불가피할 것이라는 판단에서다. 구소련과 일본도 미국으로부터 도전 의지가 꺾였을 때가 정확히 GDP가 미국 GDP의 40%를 넘어설 때였다. 구소련이 해체 분열되었을 때가 GDP가 미국 GDP의 40% 되는 시점이었다.

플라자합의로 일본을 잃어버린 20년으로 몰아넣던 1985년이 일본 GDP가 미국 GDP의 32%에서 45%로 치닫던 시점이었다. 플라자합의는 미국, 프랑스, 독일, 일본, 영국G5 재무장관이 뉴욕 플라자 호텔에서 외환 시장에 개입해 미국 달러를 일본 엔과 독일 마르크에 대해 절하시키기로 합의한 것이다. 일본의 과도한 수출 주도 정책을 압박한 조치다. 플라자합의 이후 2년간 엔화와 마르크화는 달러화에 대해 각각 65.7%와 57% 절상됐다. 이 같은 엔화 가치의 상승은 일본 기업의 수출 경쟁력을 약화시키고 상당 기간의 침체에 진입한 원인이 됐다.

그렇다면 중국은 어떨까. 2018년 중국의 GDP는 미국 GDP의 69%를 넘어섰다. 중국의 GDP가 미국 GDP의 40% 선을 지나칠 때는 2009~2010년 사이다. 2009년 중국 GDP는 미국 GDP의 36%였고, 2010년 중국 GDP는 미국 GDP의 41%였다.

미국이 도전국을 대하는 40% 룰이 유효하다면 2009년과 2010년 사이에 무슨 일이든 벌어졌어야 했다. 당시는 버락 오바마 정부 취임 초기였다. 직전 대통령인 조지 부시 대통령 임기 마지막 해에 미국은 글로벌 금융 위기로 몸살을 앓았다. 악성 부동산 부채인 서브 프라임 모기지 부실이 눈덩이처럼 불어나 월스트리트 금융 시장을 강타했으며 미국의 대표 금융 회사인 리먼 브라더스가 파산했다. 수많은 금융인이 구속됐으며, 부동산 가격이 폭락하고 일자리가 사라졌으며, 많은 시민이 신용 불량자로 전락했다. 이를 극복하기 위해 미국 연방준비제도이사회FRB는 '제로 금리' 정책을 시행하는 등 특단의 조치를 감행했다. 이 와중에 미국은 중국의 부상을 신경 쓸 겨를이 없었다는 것이 정설이다. 미국이 '제로 금리' 시대에서 벗어나 10년 만에 다시 기준 금리 인상을 시작한 시점은 제2기 오바마 정부가 중반기에 접어든 이후였다.

도널드 트럼프 대통령이 취임하고 중국에 대한 응전에 나서기 시작한 2018년 중국 GDP는 미국 GDP 대비 69%로 올라섰다. 미국이 역사적으로 한 번도 대적해보지 않은 강자와 마주하게 된 것이다. 미국과 중국의 충돌이 그 어느 때보다 치열하고 과격할 것으로 예상되는 대목이다.

IMF는 5년 후인 2023년에 중국의 GDP는 미국 GDP의 88%에 도달할 것으로 전망했다. 이 같은 성장 속도가 유지된다면 중국의 경제 규모는 2030~2035년 사이에 미국의 경제 규모를 추월하게 된다. 미국이 중국에 대한 무역 압박과 군사적 압박 공세에 나서면서 상황이 달라지고 있지만 이를 되돌리기에는 중국의 저항과 미국의 출혈도 만만치 않을 것으로 보인다. 세계 경제와 외교 안보 구도에 끼칠 영향도 적지 않을 것으로 예상된다.

1985년 플라자합의 당시의 일본에 비해 중국의 저항이 거세고 미국의 견제가 힘겨울 것이라는 근거는 또 있다. 플라자합의 당시 일본의 대미 수출 의존도는 37%였고, 대미 무역 흑자는 전체 무역 흑자의 86%를 차지했다. 하지만 2017년 중국의 대미 수출 의존도는 19%이고, 대미 무역 흑자는 전체 무역 흑자의 66% 선이다. 일본에 비해 중국이 훨씬 더 미국으로부터 독립적이고 자유롭다는 이야기다. 정치적으로도 일본은 미국의 동맹으로서 핵우산을 제공받는 등 종속적 성격이 다분했지만 중국은 미국과 같은 핵 보유국이자 UN 안전보장이사회 상임 이사국이다.

02

기술
전쟁 시대

기술 전쟁을 촉발한 화웨이

화웨이는 중국 최대 통신 장비 기업이다. 전 세계 인터넷 업체들에 네트워크 장비를 생산 공급한다. 최근 들어서는 스마트폰 제조와 유통에도 영향력을 확대해 삼성전자와 함께 안드로이드 진영을 대표하는 스마트폰 제조사로 성장했다.

런정페이 화웨이 회장은 중국 공산당과 끈끈한 인맥으로 엮여 있는 중국 재계의 실세이자 큰손이다. 런정페이 회장의 딸이자 화웨이의 최고재무책임자CFO인 멍완저우 부회장은 화웨이의 차세대 리더 1순위로 꼽힌다. 그 멍완저우 부회장이 2018년 12월 밴쿠버에서 캐나다 사법 당국에 체포됐다. 캐나다 경찰은 미국의 의뢰를 받

▶ 멍완저우 화웨이 부회장

아 멍완저우 부회장을 체포한 것이다. 체포 당시는 물론이고 지금까지도 체포 이유가 명확하게 밝혀지지 않았다. 표면적 이유로는 미국의 대 이란 제재 위반 혐의로 알려졌다. 멍완저우 부회장이 체포되던 날, 도널드 트럼프 대통령과 시진핑 국가주석은 G20주요 20개국 정상 회의가 열린 아르헨티나에서 정상회담을 하고 90일간 무역 전쟁 정전 협정을 맺고 있었다.

　멍완저우 부회장이 체포되었다는 사실에 중국은 즉각 반발했다. 정부뿐 아니라 민간 차원에서도 적극적인 항의가 잇따랐다. 중국 국민들은 캐나다 기업 제품인 캐나디언 구스 불매 운동을 벌였으며 중국 정부는 항의 차원에서 중국 현지 체류 중인 캐나다인 2명을 국가 안보 위해 혐의로 억류하기도 했다. 하지만 범죄인 인도 조약에 따라 실제로 멍완저우 부회장을 체포한 캐나다를 향해서만 시위가 있었을 뿐 정작 체포를 의뢰한 미국에 대해서는 함구했다. 멍완저우 부회장은 체포 이후 한화 약 80억 원의 보석금을 내고 조건부 석방 상태로 재판을 받았다. 미국 연방수사국FBI의 수사도 진행됐다.

멍완저우 부회장의 체포 이유를 놓고 다양한 견해가 쏟아졌다. 캐나다 사법 당국이 밝힌 표면적인 이유 외에 정치적 이유가 있을 것이라는 게 전문가들의 관측이었다. 특히 화웨이의 사이버 스파이 행위가 미국 산업, 사법, 안보 당국에 적발됐을 가능성이 있다는 의견이 있었다. 멍완저우 부회장의 체포는 단순히 화웨이라는 기업의 임원을 체포한 것이 아니라 미국이 중국을 국가 차원에서 압박, 위협하기 위한 수단으로 활용했다는 분석도 있었다.

시간이 지나면서 드러난 체포 이유는 화웨이의 비공식 자회사 스카이컴과 이란의 거래 혐의였다. 화웨이가 홍콩에 세운 스카이컴을 통해서 미국의 제재를 피해 이란과 거래한 혐의가 있으며, 스카이컴의 이사를 맡았던 멍완저우 부회장이 불법 거래의 중심에 있었다는 것이다. 하지만 과거에 발생한 사건에 대해 굳이 미중 무역 전쟁 정전 협정이 맺어지는 당일 급하게 멍완저우 부회장의 체포를 단행한 이유는 표면적인 혐의보다는 미국이 중국의 기술 굴기를 억제하기 위한 것이라는 해석이 설득력을 얻고 있다.

미국은 화웨이뿐 아니라 중국의 또 다른 통신 장비 기업인 ZTE에 대해서도 제재와 압박 움직임을 가속화하고 있다. 화웨이와 ZTE는 익히 알려진 대로 중국 5G 굴기의 유력한 선두 주자로 주목받고 있기 때문이다.

무엇보다 미국은 화웨이를 단순히 중국의 대기업으로 보지 않는다. 2012년 10월 미국 하원 정보위원회가 작성한 보고서는 화웨이가 자발적으로 중국 정부와 공산당의 지령에 따라 기밀을 훔치고 지적 재산권을 침해하며 미국의 적성국과 수상한 거래까지 하는 기업으로 묘사하고 있다.

실제로 화웨이는 기업 구조와 의사 결정 방식을 공개하고 있지 않으며, 1987년 설립된 이래 큰 폭의 성장을 이룬 지금까지도 상장을 하고 있지 않은 이례적인 기업이다. 또 런정페이 화웨이 회장은 중국 인민해방군 출신으로 중국 공산당과 밀접한 관계를 맺고 있으며 세계 최대 통신 장비 기업이자 스마트폰 제조사임에도 불구하고 ICT와 재무에 문외한인 것으로 알려져 있다. 이 때문에 미국은 화웨이를 사실상 중국 공산당의 대표 기업으로 받아들이고 있으며 화웨이를 견제하는 것은 중국 공산당과 함께 중국 ICT 산업 전체를 견제하는 행위로 인식하고 있다.

멍완저우 부회장 체포가 도화선이 됐지만 도널드 트럼프 대통령은 이미 행정 명령을 통해 미국 기업들이 화웨이 통신 장비를 사용하지 못하도록 하는 방안을 추진했다. 2018년 8월 의회를 통과한 미국의 국방 수권법National Defense Authorization Act은 미군이 중국 업체의 통신 장비나 서비스 사용을 금지하는 내용이 명시돼 있다. 미국은 우방국들에게도 화웨이 장비를 사용하지 못하도록 압박하고 있다.

실제로 미국의 주요 동맹 국가인 영국, 오스트레일리아, 캐나다, 뉴질랜드가 화웨이 장비 사용 금지 캠페인에 동참했다. 표면적 이유는 보안에 대한 우려가 있다는 것이지만 이면에는 미국의 강력한 협조 요청이 있었던 것으로 추정된다. 미국의 동맹인 일본 역시 정부 조달 지침을 통해 정부 입찰 등의 공공 영역에서 화웨이 제품을 불매할 것을 발표했다. 이러한 움직임은 유럽으로도 확장되는 추세로 체코 사이버 보안 당국은 2018년 12월 자국 이동 통신사들에게 안보 위협이 우려된다며 중국산 통신 장비 사용을 자제할 것을 권고했으며 프랑스, 독일, 노르웨이 등은 화웨이와 ZTE의 통신 장비 사용 자제 필요성을 검토했다.

기술 전쟁의 서막

미중 무역 전쟁은 물론이고 미국의 화웨이 견제는 단순히 경제적 이유가 아닌 정치적 이유에서 비롯됐다고 보는 편이 타당하다.

20세기 중후반을 상징하는 체제인 미국과 소련, 두 나라가 펼친 대치 상황을 우리는 냉전이라고 불렀다. 전면전 대신 치열한 정보전과 군비 경쟁을 벌였기 때문이다. 그러한 냉전은 1990년대 들어 소련이 붕괴하면서 미국의 승리로 막을 내렸다. 그리고 20여 년의 시간이 흐른 후 미국과 중국 사이에 새로운 냉전이 시작됐다.

이제는 병기가 아닌 기술이 매개가 된 디지털 냉전이다. 중국은 국가 차원에서 ICT 기업들을 후원하며 차세대 IT 시장 선점을 위해 노력하고 있으며, 미국은 공산당을 등에 업고 성장하는 것으로 의심되는 화웨이를 위시한 중국 기업들을 국가 차원에서 견제하고 있는 것이다.

미중 무역 전쟁 또한 무역 수지 흑자를 위해서가 아니라 중국의 제조업 굴기를 방치했다가는 미국의 산업 경쟁력이 침해받을 뿐 아니라 미국의 패권마저 위협받을 수 있다고 판단했기 때문이다. 미국 국립과학위원회는 2018년 2월과 2018년 말에 중국의 R&D 투자가 미국을 추월할 것이라는 보고서를 발표하면서 중국에 대한 경각심을 거듭 부각시켰다.

미국은 무엇보다 중국의 지적 재산권 침해와 관련해 극도로 민감한 반응을 보인다. 내막을 들여다보면 일견 이해가 가는 부분이 있다. 2014년 중국 주하이 에어쇼에서 있었던 일이다. 선양항공기제조공사가 개발한 중국의 차세대 스텔스 전투기 J-31 시제품이 모습을 드러내자 미국은 경악을 금치 못했다. 미국의 스텔스 전략 폭격기 F-35와 흡사했기 때문이다. F-35는 미국이 2015년에 실전 배치한 최신 전투기다. 중국의 J-31은 외양뿐 아니라 기능 면에서도 F-35와 유사했다. 미국 내에서는 곧바로 기술 탈취 의혹이 제기됐다. 얼마후 에드워드 스노든 전 미국국가안보NSA 요원이 폭로한 비밀문서를 통해 중국이 해킹으로 전투기 설계와 관련한 막대한 정보를 수집했다는 사실이 드러났다.

미국은 F-35 개발을 위해 록히드마틴과 2,000억 달러 이상을 투자했다. 영국, 캐나다, 네덜란드 등 프로젝트에 공동 참여한 국가들도 1억~20억 달러를 투자했다. 개발에는 10년 이상 소요됐고 총비용은 1조 4,000억 달러를 넘어섰다. 하지만 중국은 순식간에 이를 복제해낸 것이다. 피터 나바로 미국 백악관 국가무역위원장은 "중국은 해킹으로 미국 첨단 기술 산업을 도둑질 한다"고 언성을 높였다.

▶ 2018년 중국 주하이 에어쇼에서 선보인 스텔스 전투기

　　미국 국방 전문지 〈디펜스뉴스〉는 주하이 에어쇼에서 공개된 중국의 레이더 JY-26 역시 해킹을 통해 훔친 미국의 정보로 제작된 것이라고 주장했다. 중국의 레이더 성능이 미국의 최신예 스텔스 전투기 F-22 탐지에 최적화된 조건으로 등장했기 때문이다. 미국은 중국이 JY-26 레이더를 우방국에 수출할 경우 파키스탄은 인도를, 이란은 이스라엘의 전략 폭격기를 탐지하게 된다고 우려했다.

　　당시 중국 언론은 14연구소가 자체 개발한 JY-26은 극초단파UHF를 이용해 스텔스 전투기를 정확히 탐지하며 탐지 반경이 500km에 달한다고 설명했다. 리처드 피셔 국제평가전략센터 선임연구원은 또 "JY-26 레이더가 미국 록히드마틴의 3DELRR 레이더와 매우 비슷하다"며 "중국 해커들이 2009년 4월 록히드마틴에 대한 인터넷 공격을 한 가운데 레이더 관련 정보를 빼내지 않았다고 확인할 길이 없다"고 주장했다.

미국뿐 아니라 다른 나라와 기업들도 중국 스파이와 해커들이 소프트웨어 버그를 심고 산업 기관과 대학에 침투해 기술과 기밀을 훔쳤다고 의심하고 있다. 일례로 폴란드 방첩 기관은 바르샤바에서 화웨이의 중북부 판매 책임자인 왕웨이징을 스파이 혐의로 체포하기도 했다.

미국인들의 중국에 대한 경계심이 상당한 가운데 이를 결정적으로 자극한 것은 중국이 국가적 과제로 추진하고 있는 중국 제조 2025 계획이다. 중국 제조 2025는 2015년부터 추진하는 것으로 2025년까지 제조업 강대국이 되겠다는 목표로 첨단 의료 기기, 바이오 의약 기술 및 원료 물질, 로봇 통신 장비, 첨단 화학 제품, 항공 우주, 해양 엔지니어링, 전기차, 반도체 등 10개 하이테크 제조업 분야 각각에서 대표 기업을 육성하겠다는 것이다.

하지만 미국과 유럽 주요국들은 중국이 선정한 10개 하이테크 제조업 분야가 유사시 방위산업으로 전환해 무기를 생산하는 데 활용될 수 있으며, 이 10개 분야는 대부분 미래 전쟁에서 영향력을 발휘할 기술들이라고 문제 삼고 있다.

중국 제조 2025 계획의 주요 내용은 국가별로 등급을 1등급 미국, 2등급 독일·일본, 3등급 중국·영국·프랑스·한국으로 분류한 뒤 1단계 2016~2025년에는 중국이 제조업 강국 대열에 들어서고, 2단계 2026~2035에서는 독일과 일본을 넘어 강국의 중간 수준에 진입하고, 3단계 2036~2049년에는 최선두에 서겠다는 구상이다.

이 계획을 추진하는 과정에서 중국은 자국 기업에 대규모의 보조금을 지원하고 중국에 진출한 외국 기업에게는 핵심 기술을 이전하라고 압박을 가하고 있다. 미국의 저명한 외교학자 리처드 하스는 중국의 미국에 대한 불공정 무역 관행으로 인한 미국의 피로도가 이미 한계치를 넘어섰다고 주장했다. 중국은 기술을 가지려고, 미국은 이를 저지하려고 기를 쓰는 이유는 역사적으로 기술 혁명을 먼저 이룬 나라가 패권을 장악한 경험 때문이다.

미국 외교관계위원회의 국가 안보 분야 선임연구원인 맥스 부트가 《전쟁이 만든 신세계》를 통해 서술한 내용은 이렇다. 전쟁은 모든 역사의 시발점이자 주도권 변화의 전환점이다. 15세기까지 국제 사회 주도권 다툼에서 중국과 인도, 몽골에 뒤처졌던 서양이 16세기 이후 세계를 지배하게 된 것은 전쟁에서 승리했기 때문이다. 변방의 영국이 스페인의 무적함대를 침몰시킨 것도, 독일이 100년도 안 되는 기간 동안 프랑스를 3번이나 무릎 꿇린 것도 전쟁으로 설명이 가능하다. 그런데 전쟁 승리의 배경에는 기술 혁명이 자리 잡고 있다. 맥스 부트는 강대국 출현 배경에 기술 혁명이 있었고, 그것을 바탕으로 한 군사 혁명이 있었다고 설명한다. 결국 16세기 이후 서양이 세계의 주도권을 잡기 시작한 힘은 기술 혁명과 기술에 바탕한 군사 혁명에서 비롯됐다는 것이다.

엘리자베스 1세의 영국 함대가 스페인 무적함대를 격파한 힘은 화학 혁명을 시작으로 유개 포문, 이동식 포가砲架 등 신기술을 적극 수용한 덕분이다. 일본이 러시아 함대를 물리친 것도 2차산업혁명 이후 신기술을 적극 도입했기 때문이다. 좀 더 가까운 시기에는 1991년 걸프전이 있다. 당시 화제가 됐던 스마트 폭탄과 크루즈 미사일, 위성 항법 시스템GPS, 스텔스기 등 최첨단 무기는 바로 미국이 이룩한 기술 혁명의 산물이었다. 이 흐름을 따라간다면 다가올 미래 역시 새로운 기술을 선점한 나라가 군사적으로 혁신을 달성하고 궁극적으로 전쟁을 통해 패권을 장악하는 수순을 밟게 된다.

AI, 사이버 그리고 우주

미국과 중국의 군사적 경쟁은 사이버, 우주 공간으로 확장되고 있다. 현재로서는 중국이 미국의 군사력을 따라잡는다는 것이 불가능해 보일 수도 있다. 하지만 기술 혁신을 통해 비대칭 전력을 확보하게 된다면 얘기가 달라진다. 중국에게도 군사적 패권을 거머쥘 기회가 있다는 뜻이다. 패권 전쟁이 AI 전쟁과 사이버 공격, 우주 전쟁으로 양상이 확전된다면 기존 재래식 무기는 무용지물로 전락하고 사이버전과 우주전에서 승리하는 자가 패권을 장악할 수 있다.

중국의 AI 굴기는 상상을 초월한다. 2018년 중국 AI 시장 규모는 약 339억 위안, 그중 컴퓨터 비전 및 음성 인식 기술 시장 규모가 전체 AI 시장의 59%를 차지한다.

산업은행 미래전략연구소가 발간한 '중국 AI 발전 현황 및 시사점 보고서'에 따르면, 2017년 중국 정부는 AI를 국가 전략 산업으로 채택하고 AI 발전 3단계 목표를 제시하고 있다. 오는 2020년까지 AI 선진국으로 성장한 뒤 2025년에는 AI 선도 국가, 2030년에는 AI 강국에 도달하겠다는 것이다.

중국 정부는 공공 안전 프로젝트 추진의 일환으로 전국 범위에

▶ 중국 화웨이 기업 로고

컴퓨터 비전 기술을 적용한 영상 감시 네트워크를 구축하고 알리바바, 화웨이 등과 협력해 스마트시티 건설을 추진 중이다. 바이두, 텐센트 등 대기업을 AI 혁신 플랫폼으로 선정해 자율주행, 스마트 의료 등 첨단 분야에서의 기술 개발 추진 및 중소기업과의 협력을 유도할 계획이다.

바이두는 스마트카 중심의 AI 생태계 구축 전략인 '올인 AI'를 통해 자율주행 시스템 아폴로, 음성 인식 시스템 듀어OS, 클라우드 AI칩 쿤룬 등을 개발 중이다. 텐센트는 의료와 AI 기술의 융합을 목표로 2016년 아이카본엑스, 복셀클라우드 등 AI 의료 업체에 투자했고, 화웨이는 AI 칩 설계 업체 캠브리콘과 협력해 2017년 글로벌 최초로 NPU신경망 연산 전용 프로세서를 탑재한 기린970을 개발했다.

2018년 1~9월 사이 바이두, 텐센트, 알리바바, 앤트파이낸셜의 AI 투자는 128억 달러에 달한다. 이는 미국 경쟁 업체 구글, 아마존, 애플, 페이스북의 투자 총액 17억 달러를 크게 초과하는 규모다. 실제로 중국은 정부 지원과 대기업의 AI 기술 투자 급증 등에 힘입어 2017년 중국 AI 스타트업에 대한 투자 규모가 미국을 추월

▶ 중국 창어 4호의 달 뒷면 착륙 장면

한 상태다. 2017년 전 세계 AI 스타트업에 투자된 152억 달러 가운데 중국은 48%를 차지하며 38%의 미국을 앞질렀다. 중국은 특히 2015년 이후 AI 분야 투자 규모가 연평균 70%의 높은 증가율을 보이고 있다.

2019년 1월 3일, 중국은 새로운 역사를 썼다. 창어 4호가 인류 최초로 달 뒷면에 착륙한 날이다. 〈인민일보〉와 신화통신, 국영 CCTV 등 중국 언론 매체는 창어 4호의 쾌거에 찬사를 보냈다. 우주 굴기를 위한 중국의 수십 년 노력과 투자의 성과였다. 중국은 1970년 첫 인공위성 둥팡훙 1호를 발사해 세계 다섯 번째 인공위성 발사국이

됐다. 이후 다양한 크기와 용도의 인공위성을 개발해왔다. 지금은 창정 8호를 개발 중이다. 2018년 말까지 중국은 200여 개의 인공위성을 우주로 보냈다. 간쑤성 주취안, 쓰촨성 시창, 산시성 타이위안, 하이난다오 원창 등 4곳에 위성 발사 기지를 갖고 있다.

중국은 또 2018년 12월 27일부터 베이더우 위성 항법 서비스를 시작했다. 베이더우는 민간과 군사 영역에서 미국의 GPS 의존을 벗어나기 위해, 2000년부터 추진해온 독자적인 위성 항법 시스템이다. 베이더우 위치 확인 서비스의 정확도는 전 세계적으로는 10m 이내이고, 아시아 태평양에서는 5m 이내일 만큼 획기적이다. 중국이 오랜 시간과 엄청난 돈을 투자해 베이더우를 구축한 이유는 분명하다. 위치, 방향, 시간 정보가 국가 전체적으로 통신, 교통, 물류 운용을 개선시킬 수 있다. 하지만 더 중요한 것은 전투기와 군함 운항 및 미사일 유도에 필수적이다. 따라서 베이더우 GPS는 미래 전쟁에서 중국군의 실력을 크게 향상시키게 된다. 중국의 군사 전문가 쑹중핑은 언론 인터뷰에서 "베이더우는 인민해방군의 전자전 대처에 날개를 달아줄 것"이라고 했다.

중국은 군사적 전략 자산을 우주에 정박시킬 수 있도록 위성을 쏘아 보내는 능력을 갖췄다. 2017년에는 2045년까지 우주 기술과 개발 분야에서 글로벌 리더로 부상한다는 야심찬 목표에 따른 우주 개발 로드맵 보고서를 발표했다. 보고서에 따르면, 중국은 2045년까지 태양계 행성·소행성·혜성에서 대규모 탐사가 가능한 우주 기술 개발을 추진할 계획이다. 이를 위해 2040년까지 핵 추진 우주 왕복선을 발사할 예정이다.

〈워싱턴 포스트wp〉는 "중국은 우주 분야에서 중대한 진전을 이뤄내며 미국의 우주 자산에 도전하고 있다"고 평가했다. 중국의 경우 2007년에 수명을 다한 기상 위성을 미사일로 폭파한 바 있다. 미국은 중국의 이런 행위가 우주를 대상으로 군사화를 강화하는 중국의 증가하는 능력을 보여주는 도발적인 사건이라고 보고 있다.

중국의 AI 굴기와 우주 굴기에 미국이 받은 충격이 적지 않다. 특히 창어 4호의 달 뒷면 착륙은 1969년 7월 아폴로 11호를 달에 착륙시켰던 미국에 쇼크를 줬다. 트럼프 대통령은 중국에 맞서 AI와 5G를 집중 육성하는 행정 명령을 발표했다. 트럼프 대통령이 내놓은 행정 명령에는 AI 기술 확산을 위해 연방 정부의 방대한 데이터 활용을 촉진하는 대책이 포함됐다. 연방 정부가 'AI 기술의 인큐베이터'가 되겠다는 것이다. 5G 기술 분야에서는 미국 기업 진출을 유도하고, 중국 기업을 대체할 한국과 일본의 장비 공급 업체를 확보하는 방안이 담겼다. 트럼프 대통령은 2019년 연두 교서에서도 의회를 향해 "첨단 미래 산업에 대한 투자 등 중요한 신규 인프라 투자를 위한 법안을 위해 협력하기를 간절히 원한다. 이것은 선택이 아니라 필수"라고 호소했다.

마이클 크래치오스 백악관 수석기술정책 보좌관은 "AI, 5G, 양자 과학, 첨단 제조 분야의 미국 리더십에 대한 트럼프 대통령의 약속은 미국 혁신 생태계가 수세대에 걸쳐 세계의 부러움을 받을 수 있게 하려는 것"이라며 미래 기술 투자를 예고했다. 2019년 2월 〈월스트리트 저널wsj〉은 "트럼프 대통령이 미국과 중국의 경쟁이 격화되는 대표 영역인 AI와 5G 분야에서 추가적인 기술 육성 계획을 준비하고 있다"고 보도했다.

트럼프 행정부는 2018년 당시 2020년까지 공군과는 별도로 전 우주를 작전 공간으로 삼는 '우주군Space Force' 창설을 예고했다. 우주로 영역 확대를 노리는 중국과 우주 패권을 둘러싼 경쟁이 불가피해진 것이다. 〈WP〉와 로이터통신에 따르면, 미국 국방부는 우주군 창설 방안을 담은 보고서를 의회에 제출했으며 마이크 펜스 부통령은 국방부에서 우주군 창설 방침을 공식 천명했다. 펜스 부통령은 우주군 창설과 관련해 차관보 직책을 새로 만들겠다고 했다. 우주군 담당 차관보는 우주군의 성장과 확대를 감독하며 우주군 충원, 국방부 내에서의 자원 배분 경쟁 등 많은 세부 내용을 분류하고 챙기게 된다.

미국 국방부는 첫 단계로 2019년 말까지 우주사령부Space Command를 만들 계획이다. 우주사령부는 4성 장군이 지휘하며 미군 인도태평양사령관이 우주사령관을 겸직하면서 감독할 예정이다. 우주사령부는 육·해·공군 등 전 군에서 우주 전문가를 파견 받아 운영할 계획이다. 또 군 작전 및 군수 장비·물자와 인력을 확보할 별도의 획득 부서를 설치해 운영할 예정이다. 이 부서는 위성 구매와 '우주전쟁'에서 군의 승리에 기여할 수 있는 새 기술 개발도 맡게 된다. 독립된 군 조직인 만큼 별도의 명령 체계와 제복도 갖출 방침이다.

미국이 쏘아올린 각종 위성은 미사일 방어 경고에 사용되고 정확한 군수 물자 배급, 통신 및 정찰 정보 제공에 활용된다. 미군 지휘부 관계자는 "우주는 평화로운 성소가 아니라 갈등의 영역"이라며 "더 많은 관심과 자원을 필요로 한다"고 경고했다.

03

다가오는
암운

화약고로 떠오른 남중국해

미국과 중국이 충돌하는 접점으로 남중국해가 유력하다. 중국의 부상과 이를 저지하려는 미국의 의지가 충돌하는 곳이기 때문이다. 2018년 9월 남중국해에서 미 해군 구축함과 중국 함정이 40m까지 근접하며 충돌 문턱에 들어섰다. 남중국 해역은 미국의 인도 태평양 전략에서 포기할 수 없는 지역이고 중국도 마찬가지다. 남중국해 주변에는 동남아시아국가연합ASEAN 국가들을 비롯해 타이완과 일본 그리고 한국이 포진하고 있다. 만약 미국과 중국이 물리적으로 충돌하기 시작한다면 이 주변국들도 영향권에서 벗어나기 쉽지 않다.

중국은 시진핑 국가주석이 취임한 이후 남중국해를 통한 세력 확

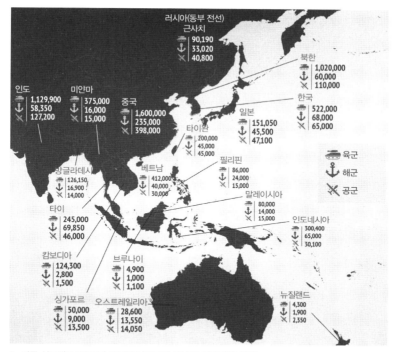

러시아(동부 전선)
근사치
90,190
33,020
40,800

북한
1,020,000
60,000
110,000

인도
1,129,900
58,350
127,200

미얀마
375,000
16,000
15,000

중국
1,600,000
235,000
398,000

한국
522,000
68,000
65,000

일본
151,050
45,500
47,100

타이완
200,000
45,000
45,000

필리핀
86,000
24,000
15,000

방글라데시
126,150
16,900
14,000

베트남
412,000
40,000
30,000

말레이시아
80,000
14,000
15,000

육군
해군
공군

타이
245,000
69,850
46,000

인도네시아
300,400
65,000
30,100

캄보디아
124,300
2,800
1,500

브루나이
4,900
1,000
1,100

싱가포르
50,000
9,000
13,500

오스트레일리아
28,600
13,550
14,050

뉴질랜드
4,300
1,900
2,350

▶ 미국 싱크탱크 CSIS가 공개한 남중국해 주변국 전력 배치 현황

출처: CSIS

장에 본격적으로 나서기 시작했다. 중국 해양국은 지금까지 파라셀 제도시사 군도 트리톤 산호초, 남중국해 스프래틀리난사 군도 수비, 가번, 피어리 크로스, 커터온, 존슨, 미스칩 산호초, 스캐보러황옌다오 산호 초 등 8개의 인공 섬을 건설했다. 중국은 이어 이 인공 섬에 해군 함 정과 잠수함 전개를 위한 특수 부두 시설과 군용기 전개를 위한 활 주로 확장 공사를 강행했다. 2015년 9월 중국 공군은 피어리 크로 스 인공 섬에 약 3,000m 활주로 공사를 완료했다. 인공 섬에는 또 HQ-9 대공 미사일과 YJ-12B 대함 순항 미사일을 배치했다.

중국이 남중국해에 눈독을 들이는 이유는 경제적 군사적인 이유는 물론이고 패권 국가로 부상하는 데 반드시 거쳐야 할 관문이기 때문이다. 중국은 이 해역을 지배하지 못하면 상업적 교역과 물류 공급을 보장받을 수 없다고 판단하고 있다. 실제로 중국 수입 물량의 80%가 이 해역을 통과하며 천연가스와 원유가 넘쳐나고 어류 자원 또한 풍부하다. 인도양과 태평양을 연결하는 말라카 해협을 통해 올라오는 세계 해상 물동량의 약 50% 이상이 지나고 특히 하루 약 1,000만 배럴의 원유가 통과하는 병목 해역이다. 남중국해는 또 280억 배럴 원유와 266조 규빅피트의 가스가 매장되어 있는 것으로 알려져 있다. 남중국해는 중국 핵잠수함이 지나가는 장소이기도 하다.

1990년대 중반 이후부터 중국은 순수 원유 수입국으로 전환, 해외 자원 의존도가 증가하는 추세여서 자원 수입 병목인 남중국해를 무시하기 힘들다. 이웃 인도가 신흥 강국으로 부상한 것도 중국으로서는 거슬리는 대목이다. 2011년 7월 인도 해군 상륙함이 베트남을 방문하고 9월에는 인도 ONGC 석유 개발사가 페트로베트남과 계약해 2012년과 2014년 각각 중국과의 분쟁 해역에서 시추를 시도한 바 있다. 또 2017년 인도가 베트남에 육상용 브라흐모스 순항 미사일 판매를 제안하기도 했다.

남중국해는 중국이 이웃 국가들과 영유권 분쟁을 겪고 있는 곳이다. 중국으로서는 어느 한곳에서라도 밀리기 시작하면 남중국해 전체를 내줄 수도 있다는 우려를 안고 있다. 역사적으로 보면 1974년 1월 중국과 베트남은 파라셀 제도 크레슨트 군도에서 무력

충돌이 있었다. 1988년 3월에는 스프래틀리 군도 존슨 산호초에서 군사적으로 충돌했다. 2012년 4월에는 중국이 필리핀과 스캐보러 섬에서 대치했다. 중국이 건설한 인공 섬들이 모두 남중국해 외곽 구단선에 인접해 마치 구단선을 합리화하는 모양새를 띠고 있는 것도 이와 무관하지 않다. 남중국해의 섬들은 현재 베트남이 21개, 필리핀이 8개, 말레이시아가 3개, 타이완이 1개를 점유하고 있다.

남중국해는 무엇보다 미국을 겨냥한 중국의 해군력 강화 전진 기지다. 남중국해에서는 중국 해군이 지리적 이점을 안고 있지만 미 해군 7함대를 비롯해 오키나와 제3해병 원정군, 괌 해외 기지에 비치된 전략 자산을 고려하면 중국 해군은 열세를 면하기 어렵다. 이에 따라 중국은 완산WS2600에 탑재되어 발사되는 대지/대함 순항 미사일 YJ-12B 및 DF-21D, 대함 순항 미사일 YJ-18로 미 해군 항모 타격단을 구성하고 있다. 또 수비, 피어리 크로스 및 미스칩 인공 섬에 HQ-9 또는 YJ-12B와 전략 폭격기 등을 배치해 중국에게 눈엣가시인 요코스카, 오키나와, 괌, 싱가포르 등을 압박하고 있다.

문제는 미국이 이를 좌시하지 않고 있다는 점이다. 발단은 2018년 5월 18일 중국 공군이 H-6K 전략 폭격기의 남중국해 우디 섬 이착륙 훈련을 강행한 사건이다. 미국 해군은 중국의 이 같은 행위에 반발해 미 해군 미사일 구축함히긴스호과 미사일 순양함앤티담호이 9일 후인 5월 27일 남중국해상에서 일본 해상 자위대와 합동 기동 훈련을 실시했다. 또 미 해군 미사일 구축함 USS 듀에이함은 이에 앞선 5월 24일 항행의 자유 작전 일환으로 남중국해 스프래틀리 군도 내에 있는 인공 섬 미스칩의 12해리 안쪽 해역에서 정찰 활동

▶ 2016년 10월 남중국해에서 자유의 항행 작전을 수행 중인 미 해군 구축함 디케이터함

출처: 미 해군

을 벌였다. 국제법상 12해리 이내는 한 국가의 영해로 인정되는 만큼 무장한 군함이 12해리 안쪽으로 항해한 것은 미스칩 암초를 중국령으로 인정하지 않겠다는 뜻이다.

미국은 남중국해에서 중국의 팽창에 맞서 2015년 10월~2018년 5월까지 다섯 차례 항행의 자유 작전을 실시했다. 다음 달인 6월 미군의 전략 폭격기 B-52H 스트래토포트리스 2대가 괌의 앤더슨 공군 기지에서 출격, 중국이 영유권을 주장하는 스프래들리 군도에서 20마일(32km) 떨어진 지점을 비행하면서 남중국해를 관통해 인도양의 영국령 디에고 가르시아섬까지 날아갔다. 두 폭격기는 중국과 필리핀이 영유권 분쟁을 벌이고 있는 스캐보러섬 인근도 지났다. 이틀날에는 이 항로를 거꾸로 날아 괌 앤더슨 공군 기지로 귀환했다. 중국에 노골적인 압박을 가한 셈이다.

중국에 대한 미국의 견제는 전 세계로 확산되었다. 2019년 2월 영국도 스텔스 전투기 F-35를 탑재한 자국 항공 모함 '퀸엘리자베스호'를 영유권 분쟁 남중국해에 파견하겠다고 밝혔다. 퀸엘리자베스호는 30억 파운드(약 4조 3,500억 원)를 들여 2009년부터 건조한 길이 280m의 6만 5,000t급 디젤 항모로, 2017년 12월 취역했다. 1,600명의 병력과 수직 이착륙 기능을 갖춘 F-35B 36대를 비롯해 중형 대잠수함 헬기와 공격 헬기 등 함재기를 동시에 탑재할 수 있다. 남중국해로 파견되는 퀸엘리자베스호에는 영국과 미국의 F-35 항공 중대가 탑승하기로 했다.

개빈 윌리엄슨 영국 국방장관은 2019년 2월 11일 싱크탱크 '왕립 합동군사연구소RUSI' 연설에서 "영국은 남중국해에서 두 번째 투자자로, 영국의 이익을 보호하기 위해 힘을 보여줄 필요가 있다"고 설명했다.

또 하나의 화약고 북핵

2018년 6월 12일과 2019년 2월 28일 미국과 북한이 두 차례의 한반도 비핵화를 위한 역사적인 정상회담을 열었지만 북한 핵 문제는 여전히 현재 진행형이다. 북한 핵 문제는 한반도 당사자인 한국과 북한의 문제일 뿐 아니라 G2인 미국과 중국의 문제이기도 하다. 자칫 북한 핵 문제가 도화선이 되어 한반도와 인근 지역에서 상황이 발생할 수도 있다는 의미다. 이는 당연히 이웃 나라 일본과 러시아에도 중대한 영향을 끼치게 된다.

미국과 북한의 오랜 숙제는 비핵화와 체제 보장이다. 미국은 북한에 핵 포기를 강요하고 있고, 북한은 미국에 체제 보장을 요구한다. 최종 목적지는 비핵화와 체제 보장이지만 그 중간 단계로서 북한은 미국에 제재 완화와 경제적 지원을 요청하고 있다. 북한은 여섯 차례 핵 실험과 빈번한 대륙간탄도미사일ICBM 발사 시험으로 UN 안전보장이사회의 제재 대상이 된 지 오래기 때문이다.

하지만 미국은 중간 단계 없이 동시적 타결을 희망하는 중이다. 미국은 '완전하고 검증 가능하며 불가역적인 비핵화CVID'를 확약 받고 싶어 하고 2020년 비핵화 목표 시한 공표를 원하지만 북한은 이를 모두 거부하고 있다. 오히려 종전 선언 등 미국이 북한을 공격 또는 침공할 의사가 없다는 것을 직접 확인받고 싶어 한다. 미국은 일단 북한이 완전한 비핵화 선언과 함께 진정성을 표시하는 차원에서 특정한 초기 비핵화 조치를 내놓고 향후 비핵화 로드맵까지 제공해야 한다는 입장이다.

현재 미국은 핵탄두·ICBM의 조기 반출·폐기를 요구하고 있고 북한은 '행동 대 행동' 차원에서 미국이 구체적인 제재 완화와 체제 안전 보장 조치를 내놓아야 한다는 점을 강조하고 있다. 북한의 초기 비핵화 조치가 얼마나 구체화되느냐에 따라 맞교환 대상인 체제 안전 보장과 경제 보상 문제가 연동될 것으로 보이지만 미국과 북한은 누가 먼저 양보하느냐를 놓고 팽팽한 기 싸움을 이어가고 있다.

도널드 트럼프 대통령이 북한과 통 큰 합의를 이끌어낸다 하더라도 미국의 일반 정서와 의회의 문턱을 넘을 수 있을 것인가는 별개의 문제다. 무엇보다도 비핵화 합의가 성사되더라도 상원의 비준 여부가 관건이다. 기본적으로 행정부가 협상한 타국 정부 또는 국제기

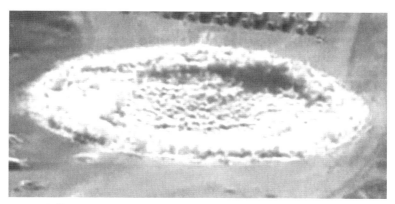

▶ 2017년 9월 북한이 실시한 제6차 핵 실험 추정 장면

구와의 협정은 상원에서 3분의 2 이상 동의를 얻어야만 비준될 수 있다. 대통령이 협정 비준 결의안을 상원에 제출하면서 '조언과 동의'를 요청하면, 상원 외교위원회가 찬성·반대·의견 없음 가운데 하나로 보고해야 한다. 외교위원회가 찬성 의견으로 표결하면, 협정안이 상원 전체 회의로 넘어갈 수 있다. 상원은 행정부가 제출한 협정안을 수정할 수 있는 권한도 갖고 있다.

하지만 의회 비준을 장담하기가 쉽지 않다. 역사적으로 핵 협상이 타결된 후 미국이 협정으로 만든 사례는 드물다. 1994년 10월 북미가 제네바에서 핵 협상을 타결할 때도 미국 의회의 반대 기류를 의식해 법적 효력을 갖는 '합의Agreement'가 아닌 '기본 합의Agreed Framework'로 체결된 바 있다. 2015년 버락 오바마 전임 행정부가 이뤄낸 이란 핵 합의JCPOA도 명백히 말하면 협정이 아니다. 트럼프 대통령이 JCPOA 파기를 선언한 것도 그 맹점을 파고든 것이다.

또 다른 문제는 북한 비핵화 문제가 미중 갈등과 무관하지 않다

북한 핵 문제 관련 주요 역사적 사건

1985년 12년 12일	북한, 핵확산금지조약NPT 가입
1991년 9월 17일	남북한 UN 동시 가입
1992년 4월 9일	북한 최고인민회의, IAEA 협정 승인 결정
1993년 3월 12일	북한, NPT 탈퇴 선언
1994년 6월 13일	IAEA가 6월 10일 북한 제재 결의안 채택, 북한 IAEA 탈퇴 선언
1994년 6월 15~18일	지미 카터 전 미국 대통령 북한 방문
1994년 7월 9일	7월 8일 김일성 사망. 미북 회담 중단
1998년 8월 31일	북한, 대포동 1호 미사일 시험 발사
1999년 6월 6~15일	남북한 해군 1차 연평해전
2000년 6월 13~15일	1차 남북 정상회담 개최(평양)
2002년 6월 29일	2차 연평해전
2002년 10월 5일	북한, HEU 프로그램 보유 시인
2003년 8월 27~29일	1차 6자 회담(베이징)
2005년 2월 10일	북한, 핵무기 보유 발표 및 6자 회담 중단 선언
2006년 7월 5일	북한, 대포동 2호 미사일 시험 발사
2006년 10월 9일	북한, 최초 핵 실험 실시
2009년 4월 5일	북한, 장거리 로켓(은하 2호·광명성 2호) 시험 발사
2009년 5월 25일	북한, 2차 지하 핵 실험 실시
2009년 6월 12일	UN 안전보장이사회, 대북 제재 결의 1874호 채택
2010년 3월 26일	천안함 사건 발생
2010년 11월 23일	연평도 포격 사건
2011년 4월 25~28일	지미 카터 전 미국 대통령 북한 방문
2011년 12월 17일	김정일 국방위원장 사망
2012년 12월 12일	북한, 장거리 로켓 '은하 3호' 발사
2013년 2월 12일	북한, 3차 핵 실험
2015년 5월 8일	북한, SLBM 사출 시험
2016년 1월 6일	북한, 4차 핵 실험. '첫 수소탄 시험 성공' 주장
2016년 2월 7일	북한, 장거리 로켓미사일 '광명성호' 발사
2016년 2월 10일	정부, 개성공단 가동 전면 중단 결정
2016년 9월 9일	북한, 5차 핵 실험 실시
2016년 11월 30일	안전보장이사회, 북한 5차 핵 실험 따른 대북 제재 결의 2321호 채택
2017년 9월 3일	북한, 6차 핵 실험 실시
2017년 9월 11일	안전보장이사회, 북한의 6차 핵 실험에 대응한 대북 제재 결의 2375호 채택
2017년 9월 14일	북한, 중장거리 탄도미사일IRBM '화성-12형' 발사
2017년 11월 29일	북한, ICBM급 '화성-15형' 발사
2017년 12월 22일	안전보장이사회, 대북 제재 결의 2397호 채택
2018년 4월 27일	문재인 대통령—김정은 위원장, 판문점에서 남북 정상회담
2018년 6월 12일	트럼프 대통령—김정은 위원장, 싱가포르에서 정상회담

는 점이다. 북한의 오랜 우방인 중국은 북한 비핵화를 지연시키며 미국의 압박을 약화시키고 이를 통해 세력 확장을 이어가겠다는 의도를 갖고 있다. 따라서 북한이 미국과 협상을 잘 이어가다가도 중국이 개입하면서 상황이 역전된 사례가 적지 않다. 한반도 비핵화 논의가 순항할 때마다 중국은 불편한 심기를 내비쳤다.

중국은 당초 한반도 비핵화 협의의 첫 단계부터 중국이 참여하는 남북미중 4자 체제의 틀을 만들려고 시도했다. 종전 선언에도 정전 협정 서명 당사국으로서 당연히 참여해야 한다는 입장이다. 중국이 배제된 종전 선언 가능성이 거론될 때마다 화춘잉 중국 외교부 대변인은 "중국은 한반도 문제의 주요 당사국이자 정전 협정 서명 당사국으로서 계속 마땅한 역할을 할 것"이라고 강조했다. 김정은 북한 국무위원장 집권 이후 냉랭했던 북중 관계의 틀을 깨고 밀착 행보에 나선 것도 중국이 북한과의 관계 개선 목적보다는 한반도에 대한 미국의 영향력을 견제하려는 의도가 짙었다. 이 같은 중국의 행보가 미국을 자극했고 도널드 트럼프 대통령의 중국에 대한 비난과 무역 압박으로 이어졌다. 미국은 의도적으로 중국을 배제하기 위해 다양한 정치적 경제적 카드를 고심 중이다.

한반도 안보 독립

한국의 안보가 위기에 직면했다. 북한의 핵 문제는 여전히 심각한 위협 요소로 작동하고 있고, 이웃 일본은 군비 확장에 나섰으며 중국의 부상도 새로운 위험으로 떠올랐다. 무엇보다 우방국이자 동맹인 미국의 태도 변화가 감지되고 있는 점이다. 미국 우선주의를 표방하는 도널드 트럼프 대통령 취임 이후 동맹의 가치보다 자국 이익을 우선하면서 한반도 안보의 핵심 축인 주한 미군 철수가 거론되기 시작한 탓이다. 전시작전권 이양 등은 안보 독립을 위해 오랜 기간 준비해온 일이라 하더라도 방위비 분담금 협상이 순조롭지 않다는 이유로 주한 미군 철수를 미국 최고 통수권자가 언급하는 것은 심각한 일이 아닐 수 없다.

트럼프 대통령은 2018년 10월 주한 미군 방위비 분담금 문제와 관련해 "끔찍한 군사 협정"이라면서 방위비 분담금 문제를 거론했다. 트럼프 대통령은 폭스뉴스 인터뷰에서 "우리는 한국과 일본, 사우디아라비아 같은 부유한 나라를 지켜주지만 그들은 우리에게 비용을 지불하지 않는다"고 했다. 2014년 타결된 제9차 한·미 방위비 분담금 협정은 2018년 12월 31일 종료됐다. 주한 미군 주둔 비용은 약 2조 원으로 알려져 있다. 이 중 한국의 분담금이 절반 정도를 차지한다. 2018년 분담비는 9,602억 원이다. 2019년 이후 분담금에 대한 협상은 오랜 시간을 끈 후에 2019년 2월, 1년 적용을 조건으로 8.2% 인상하는 것으로 한미 양국이 가서명했다.

안보 독립이 한국의 오랜 숙제인 것은 사실이지만 주한 미군의 존재가 가져다주는 엄청난 안보 이익을 외면하기 어렵다. 2004년 국방부 보고서는 주한 미군과 본토의 미군 증원이 없으면 개전 2주 만에 서울이 점령된다고 결론내린 바 있다. 물론 오늘날 남북 경제력 격차와 방위비 투입 규모 등을 감안하면 상황이 완전히 달라진 것은 사실이다. 하지만 주한 미군은 단지 북한의 침공을 막기 위해서만 존재하는 것이 아니라 중국의 영향력 확대를 견제하고 일본과 힘의 균형을 이루면서 한반도 전역의 평화와 안정을 유지하고 있는 버팀목이기 때문이다. 또 미군이 철수한다면 현재 비무장 지대DMZ에 상주하는 UN 사령부의 존재 명분이 줄어들고 이는 북한 또는 중국 등이 침공할 경우 UN군의 참전을 어렵게 하는 요소가 된다.

트럼프 대통령은 2016년 대선 유세 과정에서 주한 미군 철수 가능성을 처음 언급하기 시작했다. 당장 한국 내에서 찬반 갈등이 불거진 것은 물론이고 이웃 일본 또한 우려를 표시했다. 도쿄 사사카와 평화재단의 와타나베 선임 펠로우는 "주한 미군이 철수하면 일본은 한반도로부터의 직접적 위협에 직면하고, 핵 무장을 포함해 자체 군사적 옵션을 고려할 것"이라고 했다. 2018년 4월 17일 미국 플로리다주 팜비치에서 열린 미일 정상회담에서 트럼프 대통령이 아베 신조 일본 총리에게 주한 미군을 감축하거나 철수했을 때의 영향에 대한 의견을 구했을 때도 아베 총리는 동아시아의 군사 균형을 무너트릴 우려가 있다며 반대 의사를 전달했다.

주한 미군 철수가 트럼프 대통령 취임 이후 처음 언급된 것은 아니다. 2차 세계대전 직후 38선 이남에 주둔한 미군은 1948년 8월 15일 대한민국 정부가 수립되자 9월 15일부터 주한 미군을 감축하기 시작했다. 11월 여수 순천 사건으로 잠시 철수가 중단되었다가 1949년 4월 다시 철수를 시작해 5월 28일 500여 명의 군사 고문단만 남기고 4만 5,000명의 철수를 완료한 바 있다. 이후 6·25전쟁이 발발하고 한국전쟁에 참전한 미군이 휴전 이후에도 남으면서 주한 미군은 다시 명맥을 이었다.

하지만 리처드 닉슨 대통령은 취임 직전인 1967년 10월 논문을 통해 "미국이 더는 세계의 경찰이 될 수 없고, 베트남에서 미군은 철수되어야 하고, 아시아에서 미국의 개입을 줄여야 한다"고 밝히며 주한 미군 7사단과 주한 미군 2사단을 모두 철수시키려 했다. 박정희 당시 대통령의 만류로 시기가 좀 늦어지는 듯했으나 미국은 1970년 7월 5일 7사단을 철수한다는 일방적 통고를 했다. 그리고 1971년 당시 최규하 외무장관과 포터 주한 미국 대사는 1971년 7월 말까지 7사단을 철수하고, 서부 전선의 2사단을 후방에 배치하며 휴전선은 한국군이 전담한다는 내용의 공동 성명을 발표했다. 이 공동 성명에 의해 한국은 무기와 탄약의 국내 생산이 가능하게 되었으며, 7개월 후인 1971년 9월 국방과학연구소ADD가 창설되었다. 닉슨이 계속 집권했으면 2사단도 철수되었을 터인데 후임 포드 행정부는 미군을 철수시키지 않았다.

주한 미군 철수가 재차 부상한 것은 지미 카터 행정부 시절이다. 카터 대통령은 1976년 11월 대선에서 주한 미군 철수를 선거 공약으로 내걸고 당선되었으며 취임 즉시 3단계 주한 미군 철수안을 발표했다. 그 내용은 1978년 말까지 지상군 3,400명 철수, 1980년 여름까지 지상군 9,000명 철수, 1982년 7월까지 나머지 지상군 모두 철수, 공군과 해군은 계속 주둔한다는 내용이었다. 그러나 이 계획은 한국의 완강한 반발과, 미국 의회와 국방부의 반대로 1979년 6월 카터 대통령이 한국을 방문하면서 철군안이 완전히 백지화됐다. 이후 조지 H. W. 부시 행정부에서 1989년 당시 4만 3,000명이던 주한 미군을 1991년 말까지 3만 6,000명으로 줄이도록 요구했고, 2사단 3여단을 철수해 해체함으로써 주한 미군은 3만 명 수준으로 감소했다.

김대중 정부가 들어서고 나서는 1997~1999년 사이 남북미중 간의 4자 회담이 열렸을 때 북한에서 주한 미군 철수를 주장하고 나섰고 미국은 주한 미군이 철수하면 한반도를 둘러싼 군사 균형이 깨진다는 이유로 거부했다. 김대중 대통령은 2000년 6월 '6·25 50주년 기념사'에서 "만일 한국과 일본에 있는 10만의 주한 미군과 주일 미군이 철수한다면 한반도는 물론 동아시아와 태평양의 안전과 세력 균형에 커다란 차질을 가져올 것이다. 우리는 우리의 국익을 위해서 주한 미군이 계속 주둔하기를 바란다"고 했다.

기술 전쟁에서 살아남기

미국과 중국이 기술을 매개로 한 경쟁을 벌이면서 전 세계가 기술전쟁 국면에 들어갔다. 컴퓨터와 통신의 발달로 야기된 4차산업혁명은 이 같은 기술 패권 경쟁을 더욱 치열하게 만들고 있다. 하지만 1960~1970년대 미국의 안보 방패막과 제조업 융성으로 안보와 함께 유례없는 성장을 달성한 한국이 앞으로도 이 같은 혜택을 이어갈 수 있을지는 의문이다.

중국 기업들이 R&D 투자에 속도를 내고 있지만 한국은 겉돌고 있다는 지적이 많다. 2019년 2월 한국산업기술진흥원이 공개한

출원인 국적별 특허 출원 현황

(단위: 건수)

구분	AI	IoT	빅데이터	3D 프린팅	지능형 로봇	합계
한국	6,219	1,789	1,106	1,876	4,661	15,651
미국	**11,664**	2,289	3,186	3,590	3,029	23,758
중국	10,621	**5,337**	**6,507**	**5,365**	**4,990**	32,820
일본	8,601	358	452	1,388	4,052	14,851
유럽	3,624	769	481	1,433	1,325	7,632
합계	40,729	10,542	11,732	13,652	18,057	94,712

'2018 산업 R&D 투자 스코어보드'에 따르면, R&D 투자 상위 글로벌 1,000대 기업 중 중국 기업 수는 2016년 100개에서 2017년 120개로 늘어났다. 특히 중국 정보기술IT 기업인 화웨이는 2017년 113억 유로(약 14조 4,000억 원)를 R&D에 투자해 세계 5위에 올랐다. 반면 R&D 투자 1,000위 안에 드는 우리 기업 수는 2013년 24개에서 2017년 25개로 1개 증가하는 데 그쳤다. 같은 기간 중국이 46개에서 120개로 3배 가까이 증가한 것과 대비된다.

한국 기업의 투자액 역시 2013년 182억 유로로 7위를 차지했지만 2014년 218억 유로, 2015년 232억 유로, 2016년 245억 유로, 2017년 267억 유로 등으로 4년 동안 1.4배 늘어나는 데 그쳤다. 특히 2017년 기업 R&D 투자 전체 1위를 차지한 삼성전자(134억 유로)를 제외한 나머지 기업들의 투자액은 133억 유로에 불과하다. R&D 투자 100위 안에 든 기업은 삼성전자를 제외하면 LG전자(53위, 26억 3,700만 유로), SK하이닉스(67위, 19억 3,700만 유로), 현대차(73위, 18억 2,800만 유로) 등 세 곳뿐이다. R&D 투자 상위 기업이 가장 많은 국가는 미국으로 총 319개였다. 미국 기업의 투자액은 2,520억 유로로 글로벌 1,000대 기업 전체의 37.9%를 차지했다.

기술 전쟁을 이끌 과학기술 인재 부족도 심각한 것으로 지적되고 있다. 2018년 서울대학교 자연대학·공과대학 대학원이 전학과 정원이 미달됐다. 이공계 기피 현상의 여파가 한국 산업·과학기술을 선도하는 서울대학교까지 미친 것은 국가 미래 산업에 분명한 위기다. 2014~2018학년 전·후기 서울대학교 공과대학·자연대학 대학원 석사, 박사, 석·박사 통합 과정 입학 경쟁률은 급격한 하향 곡선을 그렸다. 공과대학 경쟁률은 2014학년도에 1.16 대 1로 간신히 미달 사태를 면했지만 2017년에 이어 2018년에도 0.88 대 1을 기록해 2년 연속 정원수를 채우지 못했다. 2014학년 1.27 대 1이던 자연대학 경쟁률은 5년 동안 추락해 2018년 0.95 대 1에 그쳤다. 박사 과정 경쟁률을 살펴보면 상황은 더 심각하다. 공과대학의 경우 2014학년 1.01 대 1로 간신히 모집 정원을 채웠으나 이듬해에는 0.73 대 1로 추락한 후 2018년까지 4년 내내 정원 미달에 시달렸다.

기초 과학을 책임지는 자연대학은 공과대학보다 인재 부족에 더욱 허덕이고 있다. 2014학년 0.87 대 1이던 자연대학 경쟁률은 5년 간 미달이다가 2018학년에 들어서는 급기야 0.58 대 1로 모집 정원의 절반만 겨우 채웠다. 대학원 입학 정원 중 절반 이상을 차지하는 공과대학·자연대학의 석·박사 통합 과정 역시 2014학년 이후 하향 추세를 그리다 2018년 급기야 초유의 동시 미달 사태까지 맞았다. 학계에서는 국내 제조업을 중심으로 한 산업계의 위기에 따른 미래 비전 부재와 정부의 과학기술 예산 지원 부족을 미달 사태의 원인

▶ 위기를 맞고 있는 반도체

으로 꼽을 뿐 뚜렷한 대책을 내놓지 못하고 있다.

한국의 성장을 지탱했던 반도체마저 위기를 맞고 있다. 2017년까지 슈퍼 호황이라 불리던 반도체 산업의 하락세가 본격화했다. 2017년 역대 최고 수출액을 기록하며 경제 성장을 이끈 반도체 시장이 2018년에는 전혀 딴판이다. 관세청이 발표한 '2019년 1월 1일 ~1월 10일 수출입 현황'에 따르면, 열흘간 수출액은 127억 달러(약 14조 2,000억 원)로 집계됐다. 전년 동기 대비 7.5% 감소했다. 1조 원가량 줄어든 수치다. 반도체의 영향이다.

반도체 품목의 수출액은 전년 동기 대비 27.2% 감소했다. 1년 만에 수출액이 30% 가까이 내려앉았다. 여전히 수출 품목 중 가장 큰 비중을 차지하며 21억 2,000만 달러(약 2조 4,000억 원)를 기록했으나 전년 대비 7억 9,000만 달러(약 8,820억 원)가 줄었다. 기업들 분위기도 비슷하다. 삼성전자는 2018년 4분기 어닝 쇼크를 기록

메모리 반도체 가격

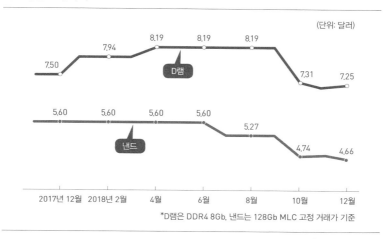

(단위: 달러)

7.50 7.94 8.19 8.19 8.19 D램 7.31 7.25

5.60 5.60 5.60 5.60 5.27 낸드 4.74 4.66

2017년 12월 2018년 2월 4월 6월 8월 10월 12월

*D램은 DDR4 8Gb, 낸드는 128Gb MLC 고정 거래가 기준

했다. 영업 이익은 10조 8,000억 원으로, 전 분기 대비 38.53%, 전년 동기 대비 28.71% 감소했다. 반도체 부문이 고전한 결과로 해석됐다. SK하이닉스 역시 2018년 4분기 영업 이익이 5조 원대 수준에 그쳤다. 글로벌 반도체 시장의 순위에 변동이 생길 가능성도 제기된다. 2017년 세계 1위로 올라선 삼성전자가 2위로 내려앉을 것이라는 비관론이다. 삼성전자는 2017년 연간 기준 글로벌 반도체 시장의 매출 1위 자리를 차지하며 24년 만에 경쟁사 '인텔'을 꺾었다. 2018년 역시 21.8%의 점유율을 차지하며 시장 1위를 차지했다. 앞으로는 알 수 없다. 비메모리 시장에서 상대적으로 입지가 약한 삼성전자는 메모리 시장 악화에 따른 영향이 인텔 대비 크다. 이에 따라 반도체 매출의 84%가 메모리에서 발생하는 삼성전자가 다시 2위로 밀려날 수 있다.

mili
TECH

2부

밀리테크4.0

04
밀리테크의
진화

인류의 역사는 전쟁의 역사

"전쟁은 만인의 왕인 동시에 만인의 아버지다. 그것은 어떤 사람들을 신으로 만들기도 하고, 어떤 사람들을 노예로 만들기도 하며, 또 어떤 사람들을 자유롭게 만들기도 한다." 고대 그리스의 철학자 헤라클레이토스가 기원전 500년경에 남긴 이 말은 오늘날까지도 여전히 유효하다.

인류의 역사는 곧 전쟁의 역사라 할 만큼 인류는 전쟁을 통해 흥망성쇠를 거듭해왔다. 최초의 전쟁이 언제 시작됐는지는 아무도 모르지만 역사학자들은 선사 시대에도 전쟁이 있었을 것으로 추정하고 있다. 기록으로 남아 있는 인류 최초의 전쟁은 기원전 3000년경

메소포타미아 지역에서 일어났다. 이후 5,000년이 넘는 세월을 잇는 것은 전쟁들이다. 더 넓고 좋은 땅을 차지하기 위해서, 더 많은 자원을 얻기 위해서 셀 수 없이 많은 전쟁이 벌어졌다. 고대 그리스와 페르시아의 전쟁, 알렉산드로스의 동방 원정, 당나라와 이슬람의 전쟁, 200년 이상 계속된 십자군 전쟁, 서유럽의 패권을 놓고 영국과 프랑스가 싸운 백년 전쟁, 노예 해방 문제가 걸려 있던 미국의 독립 전쟁, 세계 수많은 국가가 참여한 1·2차 세계대전 등이 세계 역사의 흐름에 큰 영향을 끼쳤다.

1800년대 프로이센의 전쟁 철학자이자 전략론의 대가인 카를 폰 클라우제비츠는 저서 《전쟁론》에서 "전쟁은 다른 수단에 의한 정치의 연장"이라고 규정하고, "그 목적은 적을 굴복시켜 자국의 의사를 관철시키는 데 있다"고 정의하고 있다. 절대적인 자유 의지를 갖는 국가 또는 국가군이 대립하고 있는 가운데 평화로운 방법에 의한 타결이 불가능한 경우, 자국의 의사를 실현하려면 물리적인 힘으로 상대방을 굴복시킬 수밖에 없다는 의미다.

미국 외교관계위원회의 국가 안보 분야 선임연구원을 지낸 맥스 부트에 따르면, 전쟁은 모든 역사의 시발점이자 주도권 변화의 전환점이었다. 저서 《전쟁이 만든 신세계》를 통해 15세기까지 국제 사회의 주도권 다툼에서 중국과 인도, 몽골에 밀렸던 서양이 16세기 이후 세계를 지배하게 된 것과 변방의 영국이 스페인의 무적함대를 침몰시킨 것, 독일이 100년도 안 되는 기간 동안 프랑스를 3번이나 무릎 꿇린 것 등은 전쟁으로 설명이 가능하다고 역설한다.

역사적으로 전쟁의 승패에 영향을 끼치는 요소들이 무엇인지 다방면으로 연구가 이뤄져왔다. 이에 대한 답은 클라우제비츠가 제시한 전쟁의 정의에 나와 있듯이 국가의 군사력, 또는 그러한 군사력을 조직화한 군대라는 수단이라고 할 수 있다. 그리고 이러한 군사력의 큰 비중을 차지하는 것이 바로 무기 체계다.

실제 인류의 발전은 무기의 발전과 함께했다고 해도 과언이 아니다. 한 시대의 종말과 새 시대의 탄생을 가른 중요한 순간마다 기존의 패러다임을 무너뜨린 혁신적인 무기 기술이 등장했기 때문이다. 무기는 불의의 위험과 외적의 침입으로부터 자신 및 국가를 수호하기 위해 필수불가결한 도구로 기능했다. 우수한 성능을 가진 무기일수록 그러한 위험과 외적과의 투쟁에서 승리할 수 있는 가능성을 높여주었다. 이러한 무기는 수천 년 동안 수많은 전쟁을 거치면서 매우 복잡한 구조와 형상, 고도의 복합적인 성능을 가진 무기 체계Weapon Systems로 눈부신 발전을 거듭했다. 그 결과 단순한 도구의 수준을 넘어 복합적인 체계system의 수준으로 향상됐고 전쟁 수행의 지배적인 기능을 담당하게 됐다.

현대전에서도 무기 체계의 우월성은 전쟁의 승패에 결정적인 영향을 끼치고 있다. 우수한 무기 체계를 보유할 경우 더 나은 군사력 운용이 가능하고, 이를 통해 전쟁의 승리를 추구할 수 있기 때문에 오늘날 대부분의 국가는 더 좋은 무기 체계를 확보하기 위해 치열하게 경쟁하고 있다.

맥스 부트는 인류 역사의 물줄기를 바꾼 전쟁의 배경에는 시대를 타고 흐르는 혁명이 자리하고 있다고 파악했다. 4년 동안의 연구 끝에 내린 결론은 강대국의 출현 배경에는 기술 혁명이 있었고, 그것을 바탕으로 한 군사 혁명이 있었다는 것이다. 예컨대 16세기 이후 서양이 세계의 주도권을 잡기 시작한 힘은 군사 혁명에서 나왔다는 게 그의 결론이다.

전쟁을 시대적으로 구분할 때, 전쟁사적 관점에서는 고대 전쟁, 중세 전쟁, 근대 전쟁, 현대 전쟁 등 4단계로 분류하는 것이 일반적이다. 무기 발달사로 구분할 경우에는 육체적 완력을 이용하던 시대는 근력 시대로, 화약의 힘을 이용하던 시대는 화약 시대로, 산업 혁명으로 나타난 기술의 부산물인 기계 에너지를 이용하던 시대는 기술 시대로, 신소재와 컴퓨터, 전자 광학 기술 등 전자 에너지의 이용 시대는 하이테크 시대로 구분할 수 있다. 이러한 시대 구분 기준을 받아들일 경우 근력 시대는 무기 제1기, 화약 시대는 무기 제2기, 기술 시대는 무기 제3기, 하이테크 시대는 무기 제4기로 특징 짓는 게 가능하다.

근력 시대 전쟁부터 하이테크 시대 전쟁까지 전쟁 시대별 무기 발달과 전쟁 영역의 상관관계를 살펴보면 다음과 같다.

근력 시대의 전쟁은 대부분 지상전 위주의 집단 선 전투 대형으로 창, 칼, 화살, 방패 등이 사용되었다. 후기에는 갤리선이라는 최초의 범선이 등장하면서 해전이 시작되었다.

화약 시대의 전쟁은 해양 팽창 세력 간의 치열한 주도권 다툼으로 점철됐다. 비록 무동력선이었으나 각종 화포나 총으로 무장해 해상전이 벌어졌으며, 지상전에서는 화승총과 야포가 등장했다. 전투 형태로 근접전 위주의 선 전투가 아닌 2차원의 평면 전투 공간을 형성했다.

전쟁 시대별 무기 발달과 전쟁 영역의 상관관계

전쟁 구분	전쟁 영역				무기 발달
근력 시대 전쟁	선 전투 (1차원)	지상전		해전	창, 칼, 화살, 방패, 범선(갤리선)
화약 시대 전쟁	평면 전투 (2차원)	지상전		해상전	화승총, 야포, 군함(갈레온)
기술 시대 전쟁	입체 전투 (3차원)	지상전	해상전	공중전	기관총, 전차, 잠수함, 항공기, 핵무기
하이테크 시대 전쟁	입체 전투 (4차원)	지상전 / 해상전 / 공중전 / 우주전			전차, 잠수함, 항공모함, 항공기, 인공위성, PGM

출처: 김철환/육춘택, 《전쟁 그리고 무기의 발달》, 양서각, 1997, p.101

기술 시대의 전쟁에서는 산업혁명의 영향으로 각종 무기가 획기적으로 발전했다. 특히 동력선의 개발과 잠수함, 전차, 기관총 등의 등장은 지상전과 해상전의 전투 반응 시간을 단축했으며, 항공기의 출현은 공중전이라는 새로운 전투 공간을 확보하게 되었다.

하이테크 시대의 전쟁에서는 지상전과 해상전의 발전보다 공중전과 우주전의 발전이 두드러졌다. 특히 인공위성과 컴퓨터를 이용해 정보 수집 수단들을 연동하면서 실시간 정보 처리가 가능해졌다. 고도의 과학기술은 정밀 유도 무기의 성능을 한층 더 높였다.

지상전 위주의 전투 공간은 전쟁 역사의 발전과 함께 해상전, 공중전, 우주전으로 점차 확장되어왔다. 각국은 시공간을 실시간으로 통제할 수 있는 무기를 개발하는 방향으로 국방 예산을 집중 투자했고 이는 무기의 발달로 이어졌다. 이러한 무기의 발달은 다시 전쟁 영역을 공중전이나 우주전으로 확장시키는 결과를 낳았다.

〈매일경제〉 국민보고대회팀은 제시한 표의 시대 구분에 따라 인류 역사의 전환점이 된 무기 체계의 변천 과정을 크게 4단계 국면으로 파악했다. 그리고 전쟁의 승패를 결정할 정도로 새롭고 혁신적인 군사과학기술이 적용된 '게임 체인저' 무기 체계를 가리켜 '밀리테크'로 명명했다.

게임 체인저라는 용어의 사전적인 의미는 "새롭게 소개된 요소나 요인으로 현재의 상황이나 활동을 상당히 뚜렷하게 변화시키는 것", 또는 "어떤 게임의 결과에 매우 많은 영향을 미치는 사람, 물건이나 사건", 또는 "판을 뒤흔들어 시장의 흐름을 통째로 바꾸거나 어떤 일의 결과나 흐름 및 판도를 뒤집어놓을 만한 결정적인 역할을 한 사건, 사람, 서비스, 제품"이다.

따라서 미래 무기 체계에서 게임 체인저의 정의는 현재보다 새롭고 급진된 군사과학기술이 적용된 미래 무기 체계, 그리고 현재의 작전 수행 패러다임이나 전쟁 양상을 뒤집어놓을 만한 무기 체계를 말한다.

밀리테크는 무기 체계의 기능과 효과가 현재의 수준을 훨씬 능가한다. 무기 체계의 기능은 크게 탐지, 의사 결정 지원, 타격, 방호 기능을 들 수 있고 무기 체계의 효과 요소는 기동성, 파괴력, 지휘 통신, 생존성, 가용성을 들 수 있는데, 이 같은 기능과 효과 면에서 월등한 기능과 뛰어난 효과를 발휘하는 무기 체계의 게임 체인저가 바로 밀리테크다.

지금부터 근력 시대, 화약 시대, 기술 시대, 하이테크 시대 각각의 시기에 해당하는 밀리테크를 살펴볼 것이다.

밀리테크1.0: 소재 혁신이 가져온 변화

고대 무기는 인간 근력이 동력으로서 화약을 사용하지 않는 냉병기
冷兵器였다. 인류 역사에서 가장 오래된 무기는 창이다. 창은 50만 년
전 인간을 먹이사슬 최정점에 올린 무기다. 물론 활이나 총이 등장
하면서 좀 더 안전하고 효율적인 사냥이 가능해졌지만, 코끼리나 코
뿔소 등 맹수를 제치고 인간을 지구상 최강자로 만든 최초의 시점
은 어디까지나 인간이 창을 만들어 손에 쥔 순간이다.

창은 인간이 지구에서 먹고살기 위해 꼭 필요한 도구로서 최우선
순위에 있는 무기였다. 최초의 창은 돌을 날카롭게 갈아 나무 끝에
칭칭 동여 멘 돌창이었다. 이 창으로 짐승을 잡아 생명을 유지했다.
인류 최초의 힘을 바탕으로 씨족 사회가 번성한다.

이후 부족 간 전투의 규모가 커지면서 창은 수렵 도구보다는 전
쟁 무기로서 빛을 발하게 된다. 찌르는 데 필요한 최소한의 크기만
필요했던 창은 베는 것을 상정해야 하는 칼에 비해 제작비가 싸서
대량 생산이 쉽다는 장점이 있었다. 또 제대로 찌르는 행위에만 집
중하면 되므로 개인의 전투가 아닌 다수 간의 집단 전투에 필요한
최소한의 역량을 키우기 위한 훈련 기간도 훨씬 짧았다. 집단이 진
형을 짜서 사용할 경우 머릿수가 늘면 늘수록 칼보다 훨씬 큰 폭으
로 전체 전투력이 상승하는 무기가 창이다.

창은 단순히 던지는 것으로 충분히 위협적이었다. 하지만 인류는
창을 더욱 빠르고 정확하게 던질 수 있는 도구를 고안해냈다. 이른
바 '아틀라틀'이라고 불리는 투창기다. 투창기는 인간의 근력으로

내기 힘든 파괴력을 가졌는데, 이는 인간보다 크고 강한 동물을 멀리서 제압할 수 있다는 것을 의미했고 최상위 포식자가 된 인류는 유구한 역사를 써나갈 기반을 마련할 수 있었다. 특히 인류가 광석에서 쇠를 추출하는 기술을 습득한 이후 무기는 비약적인 발전을 거듭한다.

이처럼 창은 구석기 시대의 투창부터 시작해 다양한 용도로 사용된 전통 무기였다. 그런데 기원전 3세기경 마케도니아에서 창의 길이를 4~5m씩 늘리는 극단적인 장창Pike을 만들어냈다. 마케도니아의 알렉산드로스 대제는 '팔랑크스'라 불리는 이 장창 밀집 대형을 기반으로 그리스와 페르시아 등 대부분의 문명권을 석권할 수 있었다. 창 대 창의 거리 싸움에서 우위를 점하기 위해 창의 길이가 점점 늘어난 것으로, 당시 지역 패권의 향방에 결정적인 영향을 끼친 밀리테크의 원조였던 셈이다.

근력 시대에 등장한 최초의 밀리테크였던 장창은 길고 무거워 기동력이 떨어진다는 단점을 노정했지만 얼마 지나지 않아 기마병의 출현으로 전쟁의 양상이 크게 변하면서 그 위력을 다시 발휘했다. 순식간에 적진을 돌파하는 기마병을 상대하려면 원거리에서 활로 공격을 가하고, 지척에서는 장창으로 진을 형성해 막는 것이 가장 효과적이었다. 이러한 장창 대형은 전 세계에서 보편적으로 나타나는데, 삼국 시대 신라가 675년 당나라와의 기벌포 전투에서 장창부대를 이용해 당나라 기병대를 효과적으로 제압했다. 당시 백제와 고구려를 무너뜨린 당과 마지막 전쟁을 치르게 된 신라는 기병에 취약했다. 신라는 당나라 기병을 상대하기 위한 전술로 장창을 내

▶ 마케도니아의 팔랑크스

출처: 유용원의 군사 세계

세워 방어력을 높였고 지구전으로 시간을 벌었다.

장창 부대는 훗날 유럽에서 총이 사용되면서 소총수를 엄호하기 위한 형태로 최종 발전했다. 철판으로 만든 흉갑과 5m가 넘는 장창을 이용해 적 기병대의 돌격을 효과적으로 막아낼 수 있는 부대였다. 하지만 총이 점점 발전하면서 장창은 쓰임새를 잃어갔고, 1703년 영국의 군제 개혁 이후 장창병은 유럽에서 찾아볼 수 없게 되었다.

공격용 무기의 중요성 못지않게 갑옷과 방패 등 방어구 역시 근력 시대 전쟁터의 필수품 중 하나였다. 특히 사슬갑옷Chainarmour 은 대부분의 유라시아 문명권에서 널리 사용된 갑옷이다. 처음 사슬갑옷은 쇠로 철사를 뽑은 다음 고리를 수천에서 수만 개씩 만들어 연결해 만든 것으로 기원전 1세기쯤 켈트족이 개발해서 사용했다. 이 사슬갑옷은 기존의 철판갑옷에 비해 철을 적게 사용한 덕분에 착용하고 나서 더 민첩하고 가볍게 움직일 수 있었다. 물론 방어력도 철판갑옷에 뒤지지 않았다. 로마 제국 말기에 이 사슬갑옷을 로마 제국의 제식 무장으로 사용하기도 했다. 5세기경에는 다른 문명권에도 퍼져 사산조 페르시아, 인도 등지에서 쓰였다. 중국에는 당나라 때 이 갑옷이 들어왔는데 동양에서는 이 갑옷을 '쇄자갑'이라고 불렀다.

화살이나 베는 무기를 방어하기에 용이했던 이 갑옷은 철퇴나 창 같은 무기에는 쉽게 무력화되는 약점도 있었다. 그래서 일부 문명권에서는 사슬을 이중으로 엮는 방법을 창안하기도 했다. 13세기경 유럽에서는 사슬갑옷을 판금갑옷으로 대체하는가 하면 다른 문화권에서는 사슬갑옷 위에 철판을 덧대는 방식을 고안하는 등 사슬갑옷은 오랫동안 사용되어온 방어구다.

밀리테크2.0: 근대 국가 탄생의 원동력이 된 화약 무기

세계 전쟁사의 패러다임을 뒤바꾼 물건은 단연 화약이다. 창칼이 오가는 냉병기 시대가 끝나고 포탄이 오가는 화기의 시대로 넘어가면서 전쟁의 모든 양상이 달라졌다. 화약의 등장은 기나긴 세월 동안 전쟁의 수단으로 사용해온 칼, 도끼, 창 같은 재래식 무기를 뒤편으로 밀어냈다.

서기 6세기 말~7세기, 중국 수나라와 당나라에 걸쳐 활약한 손사막孫思邈이 화약을 최초로 발명한 사람으로 알려져 있다. 중국에서 약왕藥王으로 숭배 받는 전설적인 의원으로《천금요방千金要方》등의 저서를 남겼고 여러 약을 제조해 전수했다고 전해진다. 100세를 넘어 장수했으며 도교에서는 신선이 된 인물로 묘사하고 있다.

의약 개발과 함께 연금술에도 조예가 깊었던 손사막은 전통적으로 전해지던 불로장생약을 연구하던 도중 황과 초석, 목탄을 섞어 세계 최초로 화약을 개발했다고 한다. 화약이란 이름이 붙게 된 이유도 환자에게 쓸 약으로 개발했기 때문이다. 문헌상의 기록에 따르면 화약은 실제로 그 후 오랫동안 약재로도 쓰였다. 명나라 때 약학서인 《본초강목》은 화약에 대해 "부스럼과 살충에 주효하며 습기와 온역을 제거하기도 한다"며 약으로 소개하고 있다.

화약이 살상 병기로 거듭난 시기는 당나라 말기인 8세기 무렵부터라고 전해진다. 실제 전쟁터에서 쓰인 화약은 초기에는 발화가 주목적이었지만 점차 폭발력이 향상되면서 다양한 형태와 크기의 무기 개발로 이어졌다. 이후 11세기 송나라 때부터 소형 로켓과 비슷한 무기인 화창火槍, 화전火箭과 함께 대포가 무기로 쓰이기 시작했다.

이러한 화약 무기들은 13세기 몽골 제국의 중국 정복 이후 제조기법이 중동을 비롯해 아시아 각지로 퍼지면서 더욱 발전하게 된다. 13세기 서아시아 정벌에 나선 몽골 제국은 이슬람 세계에 화약과 화기를 소개했다. 이슬람을 통해 화약 무기의 위력을 깨닫게 된 유럽인들 역시 뒤이어 화약 무기를 개발하는 데 나섰다. 14세기 중반 영국과 프랑스 사이에 벌어진 백년 전쟁에서 총포가 등장하게 된 배경이다.

다음 그림은 15세기 후반 프랑스의 정치가이자 군인으로서 많은 전쟁 기록을 남긴 장 드 와브랭Jean de Wavrin의 작품이다. 14세기 중반

▶ 1340년대 전투 장면

당시 총과 대포로 성을 공격하는 군사들의 모습을 묘사한 것이다.

화약 혁명과 함께 대포는 9~10세기경 중국에서 처음 개발되었다. 대포 제조술은 11세기 몽골의 침략 이후 몽골 제국 곳곳으로 퍼져 13세기에는 유럽과 중동에도 알려지게 되었다. 유럽에서는 대포를 곧바로 전장에 투입시켜 사용했는데, 불순물투성이인 화약 때문에 자주 사고가 발생하기는 했지만 대포는 당시 유럽의 성과 기사 계급을 무력화시키는 데 결정적인 역할을 한다.

화약 무기의 발명은 세계사의 흐름을 바꾸는 '군사 혁명Military

Revolution, 무기 혁명'의 촉매제가 된다. 우선 화약 무기 성능이 갈수록 향상되면서 중세 군사력의 상징이던 기사 계급이 치명적 타격을 입게 된다. 총포를 이용한 공격에 무력하다는 점이 드러나면서 기사는 몰락했고 중세 유럽 사회의 근간이던 봉건제가 무너지는 결과를 낳았다. 전투력이 없는 기사를 가신으로 임명하고 봉토를 내줄 주군은 더는 존재하지 않았다. 이제는 화약 무기를 다룰 줄 아는 병사들을 대규모로 보유하는 것이 최상의 군사 전략이 되었다.

군사 혁명이 가져온 이런 변화들은 곧 재정 확충의 필요성으로 이어졌다. 성능이 향상된 화기를 개발하기 위해서나, 대규모의 상비군을 고용하기 위해서나, 그들을 훈련시켜 일사불란하게 화기를 사용하게 하려면 무엇보다 돈이 필요했다. 재정 능력은 곧 강한 군사력으로 직결됐다. 이런 역사적 변화 속에서 대다수 중소 영주들은 설자리를 잃었고 대신 대규모 영토를 소유한 강력한 단일 권력이 통치하는 국가가 등장하게 된다. 봉건제 질서를 무너뜨리고 중앙 집권화한 근대적 국가 체제를 탄생시킨 원동력은 바로 화약 혁명으로 촉발된 군사 혁명이었다.

이윽고 얼마 지나지 않아 화약 무기는 역사의 거대한 물줄기를 뒤바꿔놓는다. 1453년 오스만 제국의 바실리카 포는 철옹성이던 테오도시우스 성벽을 무너뜨리며 2,200여 년을 이어져 내려온 로마를 멸망시켰다. 1490년대 이베리아 반도에서 기독교 군대가 이슬람 최후의 보루인 그라나다를 함락시킬 때도 개량된 화기가 큰 역할을 했다. 페르시아의 사파비 왕조와 인도의 무굴 제국도 화약 혁명에 힘입은 군사 개혁 덕분에 각각 우즈베크족과 델리 술탄국 같은 지방 세력들을 누르고 통일 국가의 기틀을 마련할 수 있었다.

또 변방 국가였던 스웨덴이 1610년대 이후 구스타브 2세 아돌프의 지휘 아래 군사 강국으로 등장한 배경에도 화약 무기가 있었다. 더 나아가 엘리자베스 1세의 영국 함대가 스페인 무적함대를 격파한 힘은 화약 혁명을 시작으로 유개 포문, 이동식 포가 등 신기술을 적극 수용한 덕분이었다.

동아시아로 시선을 돌려보자. 일본에서는 1560~1580년대에 오다 노부나가와 도요토미 히데요시가 각각 소총 부대와 야포 부대를 창설해 전쟁에서 승기를 잡았다. 중국에서는 1630년대에 청나라 태종 홍타이지가 포병을 양성해 대륙 장악의 기반을 마련했다. 화약 시대에 게임 체인저 역할을 한 밀리테크는 바로 화약 무기였다.

밀리테크3.0: 산업혁명을 거쳐 대량 살상 무기의 등장

앨빈 토플러는 《전쟁 반전쟁》에서 "역사적으로 인류의 전쟁 방식은 곧 인류가 일하는 방식을 투영해왔다"고 주장한다. 신기술에 기반한 산업혁명의 전개는 인류가 전쟁을 치르는 방식에도 직간접적으로 영향을 끼쳐왔다는 얘기다.

1·2차산업혁명 시기에 기계화, 전력, 철도, 자동차 산업의 발전을 통한 대량 생산 시대로의 전환은 1·2차 세계대전에서 전차, 항공기, 장거리 폭격기를 이용한 대량 파괴 전쟁 양상으로 반영됐다. 또한 3차산업혁명 시대에 컴퓨터와 통신 및 인터넷의 발전에 기반한 정

보화 시대의 도래는 걸프전과 이라크 전쟁에서 보듯이 정밀 유도 무기, C4I 체계, 위성을 비롯한 감시 정찰 등을 활용한 지휘 통제 또는 네트워크 중심전의 양상으로 이어졌다. 이렇듯 산업혁명의 과정은 군의 '싸우는 방식'에 그대로 투영되어왔다.

밀리테크3.0으로 대변되는 군사 변혁의 세 번째 국면은 18세기 산업혁명으로 인한 후장총, 철도 같은 신기술 도입과 이들이 연쇄적으로 가져온 기관총, 속사포, 야전 전화 등 신기술의 광범위한 확산을 시작으로 한다. 이러한 초기 산업혁명을 틈타 프로이센과 메이지 유신 이후의 일본은 괄목할 만한 국가로 성장한다. 일본은 1896년에 10개년 계획에 따라 해군 발전 프로그램을 추진했고, 그 결과 대한해협에서 러시아의 극동 함대를 물리친다. 산업혁명의 영향은 전쟁 기술과 전술의 변화를 가져왔을 뿐 아니라 대규모 군대를 유지하기 위한 국가의 성장에도 큰 영향을 끼쳤다. 실제 1913~1918년 영국·프랑스·독일 정부의 지출 규모는 1,200%까지 상승했고 군사 지출은 2,000%까지 치솟게 된다.

1차산업혁명이 석탄과 증기로 동력을 얻었다면, 2차산업혁명은 석유와 전기로 동력을 얻는 시대였다. 2차산업혁명은 1920년대와 1930년대에 걸쳐 전쟁의 양상을 바꿔놓았고 1940년대까지 영향을 끼친다. 이런 군사기술이 사용된 대표 경우가 1940년 일본의 진주만 공습과 1945년 미국의 도쿄 공습이다. 2차 세계대전을 시작한 일본과 독일의 전세가 날로 기울게 된 이유는 군사 물량 면에서 연합국에 적수가 될 수 없었기 때문인데, 전쟁 물자의 생산이 최고조에 달했던 1944년 3월 미국의 공장은 294초마다 항공기 1대를 생

▶ 실제 독일 MG42 사수의 모습

산할 수 있는 능력을 갖추고 있었다. 아울러 이 시기에 무선 통신, 레이더, 장거리 폭격기 같은 밀리테크가 차례로 등장했다.

이러한 산업혁명의 발달로 기계가 인류 문명에 도입되면서 인류는 또 하나의 거대한 변화에 직면했다. 1차 세계대전은 이전과 전혀 다른 기계화된 전쟁으로 인해 전방뿐 아니라 후방의 민간인들까지 피해를 입는 사상 초유의 대규모 피해를 불러일으켰다. 19세기 중엽에는 실탄만 넣고 연발로 발사할 수 있는 라이플 소총이, 19세기 말에는 한꺼번에 수백 발씩 쏠 수 있는 기관총이 등장했다. 새로운 총기가 등장하면서 전쟁에서 대량 살상이 가능해졌다.

또 1차 세계대전 당시 독일은 비행선 부대를 이용해 런던을 폭격함으로써 최초의 근대적인 폭격 전술을 펼쳤다. 1차 세계대전 초기에 전장에 등장한 전투기는 처음에는 정찰 용도로 쓰였으나 연합군측에서 독일군 비행선을 격추하는 데 사용하면서부터 본격적으로 공중전의 시대가 열렸다.

보다 근래에 오면서는 무기 체계에 적용되는 군사과학기술의 영향력이 커졌다. 그러면서 무기 체계의 우수함은 그 무기 체계에 적용되는 군사과학기술의 탁월함에서 나온다는 믿음이 굳어졌다.

알렉스 케슬러는 첨단 군사과학기술이 전쟁 승리에 얼마나 영향을 끼치는지 알아보려고 근현대사에 발생한 전쟁과 분쟁들을 분석했다. 그 결과 전쟁의 승패를 좌우하는 변수, 즉 군사과학기술, 리더십, 훈련, 사기, 전략 전술 중에서 고도화된 군사과학기술에 의한 무기 체계가 가장 큰 영향을 끼친다는 결론을 내놨다. 실제 1991년의 걸프전에서 미국이 이라크를 누른 힘은 정보 혁명과 관련이 있다. 당시 한창 화제가 됐던 스마트 폭탄과 크루즈 미사일, GPS, 스텔스기 등의 최첨단 무기는 바로 정보 혁명의 산물이었다.

현대의 첨단 군사과학기술은 비약적으로 발전하면서 밀리테크3.0 시대를 열었다. 무엇보다 현대의 무기 체계와 군사과학기술은 과거의 것과 판이하게 다른 월등한 성능과 광범위한 파급 효과가 특징이다. 군사과학기술에 의한 무기 체계의 혁신적인 변화는 전쟁의 승패를 좌우했다. 2차 세계대전을 승리로 이끈 배후에는 군사과학기술의 힘이 있었다고 볼 수도 있다. 1939~1945년에 제시된 군사과학기술은 제트 전투기, 유도 미사일, 초단파 레이더, 원자 폭탄에 적용되었다. 우세한 무기 체계를 가능케 한 발전된 군사과학기술이 바탕이 되어 세계대전의 승리를 이끄는 요소가 된 것이다. 한마디로 군사과학기술이 전쟁 수단인 무기 체계를 획기적으로 변화시키고 전쟁의 승패를 가르는 데 영향을 끼친 것이다.

밀리테크4.0: 4차산업혁명으로 본격화

사회가 기술 발전에 따라 큰 변화의 과정을 거치는 동안 전쟁 양상이 동일한 모습으로 발전해왔다는 점은 4차산업혁명 시대를 맞아 미래전 대비 차원에서도 중요한 의미가 있다. 더욱이 산업혁명 과정의 주기가 1~2차산업혁명까지는 약 150년이, 2~3차산업혁명까지는 약 40년이 걸렸는데 3차에서 다가오는 4차산업혁명까지는 30년도 채 걸리지 않는 주기로 변화하고 있어 그 어느 때보다 민첩한 대응이 요구된다.

1980년대 들어 전자, 정보, 재료, 광·생물 공학 등 여러 분야에서 충격적인 기술 변혁이 일기 시작했다. 이 같은 첨단 기술들은 서로 영향을 주거나 복합화하면서 사회 변동의 커다란 원동력을 형성하고, 신기술 혁명의 시대를 펼쳐나가고 있다. 이른바 첨단 기술을 구축하는 기술 혁명과 정보화의 물결은 종래의 산업 시대의 모습을 바꾸기 시작했고 인간의 생활양식과 함께 전쟁 양상에도 큰 변화를 초래했다.

초기 하이테크 시대 전쟁 기간은 첨단 기술이 대두된 1980년부터 이라크전이 전개된 2003년까지 약 17년 동안 고도의 기술 발달로 인해 대량 살상 무기와 정밀 유도 무기PGM가 전장을 지배한 기간이다. 여러 전쟁을 거치면서 첨단 기술을 바탕으로 PGM, 고성능 항공기, 조기 경보기, 전자 전기, 정찰 위성 등의 무기들이 새롭게 개발되었다.

최근 4차산업혁명의 발전 양상은 국방 분야에서 더욱 획기적인 새로운 미래 무기 체계를 탄생시킬 것으로 예상된다. 전쟁의 승패를 결정할 정도로 혁신적인 군사과학기술이 적용된 게임 체인저 무기 체계, 즉 밀리테크4.0이 등장할 가능성이 높은 이유다. 이미 선진국들은 밀리테크4.0의 등장 가능성에 주목해 4차산업혁명의 전개와 함께 전투 방식과 이에 맞는 전력을 향상시키기 위해 노력하고 있다. 특히 미국은 기술적 우수성을 기반으로 지속적인 군사적 우위 확보를 추구해오고 있다는 점에서 주목할 만하다. 미군은 최근 들어서도 4차산업혁명 시대의 변화를 적극 수용하기 위해 노력하고 있다. 대표적으로 미군의 상쇄 전략Offset Strategy은 '적에 대해 전략적이고 지속적인 군사적 우위를 차지하기 위한 장기적 경쟁 전략'이다.

특히 2014년 11월 척 헤이글 전 국방장관이 레이건 국방포럼 연설을 통해 제시한 '3차 상쇄 전략'은 국방 혁신 차원에서 미군의 변화 필요성을 언급하면서 시작됐다. 3차 상쇄 전략의 공식 명칭은 '국방 혁신 구상Defense Innovation Initiative'이다.

미 국방부 밥 워크 전前 부장관은 "새로운 기술의 빠른 변화와 전 세계적으로 평준화되고 있는 환경적 특성으로 기존에 미군이 가져왔던 월등한 기술을 기반으로 하는 지속적 군사력 우위를 더 유지하기 어렵게 되었다"고 지적한 바 있다. 특히, 중국과 러시아가 군 현대화를 통해 첨단 전력과 사이버·전자전 능력을 향상시키면서 미군의 우위를 침식하고 있으므로, 미군은 상쇄 전략 방식의 기본 기조를 유지하되 기술과 작전 개념의 혁신을 기반으로 비대칭 이점을 최대화할 수 있는 3차 상쇄 전략을 추진해야 한다고 강조했다.

미군은 3차 상쇄 전략의 핵심 영역을 5가지 영역으로 구분한다.

첫째, 자율 학습 체계Autonomous learning system 분야로 빅데이터 분석 기술, 딥러닝, 기계 학습 기술을 기초로 하고 있다. 이를테면 미군은 하루 9만 개 이상의 페이스북 포스트를 분석해 IS 테러의 위협을 예측하는 데 활용하고 있다.

둘째, 전투원과 기계의 협업 의사 결정Human-machine collaborative decision-making 분야로 주로 AI, 무인 자율 체계 기술을 접목한다. 예컨대 무인 잠수정UUV을 통해 식별된 표적 분석을 이지스함의 전투 체계와 연동함으로써 지휘관 또는 전투원의 의사 결정을 지원할 수 있는 기능을 개발하는 일 등이 이에 해당한다.

셋째, 전투원의 작전 지원Assisted human operations 분야로 주로 사물인터넷IoT, 로보틱스, 바이오 기술을 기초로 한다. 미 공군에서는 스킨 바이오 센서를 개발해 전투원의 상태를 점검하고 있다.

넷째, 유인과 무인 무기 체계의 작전 수행Advanced manned-unmanned operations 분야로 주로 무인 자율 체계, IoT 기술을 적용한다. 예컨대 아파치 헬기는 무인기UAV 그레이 이글과 동시에 작전을 수행함으로써 작전의 효과성을 혁신적으로 제고하고 있다.

다섯째, 네트워크 기반 자율 무기Network-enabled autonomous weapons 분야로 주로 사이버 대응 기술을 기초로 한다. 사이버 공간에서의 전력뿐 아니라 전자전에 대비해 위성 기반의 GPS 기능 무력화 시 대응할 수 있는 능력을 포함하고 있다.

이와 같이 미군은 3차 상쇄 전략의 핵심 분야를 기술과 작전 개념을 결합하는 데 중점을 두고 있으며, 핵심 분야의 주도 기술은 4차산업혁명에서 다루는 IoT, AI, 빅데이터 및 자율주행 체계와 밀접하게 연계되어 있음을 볼 수 있다.

한국도 미래전에 대비하기 위해 무인 로봇 등 4차산업혁명 기술을 적용한 밀리테크4.0을 개발하는 데 나섰다. 2018년 왕정홍 방위사업청장은 경상남도 거제도 대우조선해양에서 열린 '국방산업진흥회의'에서 4차산업혁명 시대 국방 분야의 혁신 성장을 위한 '국방 산업 발전 방안'을 발표했다.

왕정홍 청장은 "기술 발전에 따른 미래 전쟁의 양상과 국방이 변화될 모습을 예측하고 이에 대비하려면 대대적 프레임의 전환이 필요하다"며 "경직적이고 내수 중심의 폐쇄적 국방 산업을 도전적, 개방적 수출형 국방 산업으로 바꿔야 한다"고 했다.

군사 전문가들에 따르면, 미래 전쟁은 4차산업혁명에 기반한 새로운 기술의 영향으로 전장이 우주와 사이버 영역까지 확대되고 전투 수단은 무인 자율화될 것으로 예상된다. 지휘 통제는 현재의 단계적 통제 체계에서 지능형 실시간 통제 체제로 변하고 무기 체계는 유인 무기 체계에서 무인 로봇 무기 체계로 바뀔 가능성이 높다. 이 같은 변화는 밀리테크4.0의 등장을 예고하고 있다. 로봇 공학, 나노 기술 혁명으로 세계에서 가장 작은 무기가 등장하고 슈퍼 버그와 슈퍼 군인이 탄생할 수도 있다. 기술 경쟁의 큰 흐름에서 소외되면 결국 전쟁의 희생자가 될 수밖에 없다는 것이 밀리테크의 역사적 교훈이다.

05

미래 전쟁과
신무기

AI 로봇 전쟁의 시작

미래 전쟁은 인간 대 인간의 싸움이 아닐 수 있다. 스스로 판단을
하면서 명령을 이행하는 AI를 탑재한 무기들이 주역이 될 공산이
큰 탓이다. 자기편 인명에 대한 위협 없이 상대편에 대량 살상을 가
능케 할 수 있다는 점 때문에 과학자와 인권 운동 시민 단체들은
AI 탑재 무기에 대해 위험성을 계속 경고하고 있다. 그럼에도 군사
강국들이 서둘러 AI 무기를 개발하는 데 박차를 가하는 것은 차세
대 전쟁이 AI 기반으로 이동하고 있다는 사실을 보여준다.

  현실화가 가장 가까운 AI 무기는 '벌 떼 드론 부대swarming drones'
다. 니콜라스 마두로 베네수엘라 대통령이 방위군 창설 기념식에서

▶ 소형 벌 떼 드론이 도시를 공습하는 SF 영화의 한 장면. 미국 해병대는 벌 떼 드론을 활용한 상륙 작전 전술 도입을 추진 중이다. 영화의 한 장면이 현실로 다가올 날이 멀지 않았다.

연설을 하는 도중 발생한 '드론 암살 사건'이 대표적이다. 암살이 미수에 그치기는 했지만 드론 부대의 위력을 잘 보여준다.

2018년 8월 4일 마두로 대통령은 볼리바리안 국가방위대 설립 81주년 기념식 참석 중에 드론 공격을 받았다. 마두로 대통령이 연설하던 중 폭발물을 장착한 2대의 드론은 베네수엘라군의 전자 공격으로 무력화됐다. 이 중 1대는 마두로 대통령이 있던 인근 빌딩에서 폭발했고, 다른 1대는 행사장 무대에 접근해 폭발했으나 마두로 대통령을 암살하지는 못했다. 이 폭발로 7명이 부상당했다. 산업용 드론을 개조한 드론에는 C4 폭발물 1kg이 장착돼 있었고, 살상 반경은 50m였다.

이 같은 특징을 일찌감치 눈여겨본 미국은 드론의 전투 운용에 노력을 기울여왔다. 1999년 코소보 전쟁에서 전투용 드론을 시범 사용하기 시작한 미국은 이후 거의 모든 부대에서 드론을 써왔다. 의회 조사국CRS에 따르면, 미 국방부는 2013~2018년까지 드론에 228억 달러를 투입했는데, 2017년에만 46억 달러를 투입했다. 그 결과, 미국 국방부는 2016년 10월 CBS 방송을 통해 '페르딕스 마이크로 드론Perdix micro-drones' 103대가 인간의 조종 없이 장애물과의 충돌을 자연스럽게 피하고 대오를 짜서 움직이는 모습을 공개하며 "전쟁 기술의 혁명"이라고 설명했다. 기술 발전으로 효용성이 급격히 증가한 것이다. 미군이 보유 중인 드론은 7,000~8,000대로 추정된다.

지금까지는 감시용 드론의 활용도가 높았다. 날개폭이 40m에 달하는 핵무기 감시용 글로벌 호크RQ-4가 대표적이다. 글로벌 호크는 일본 오키나와에도 5대가 배치돼 유사시 한반도에 배치되는 전력이다. 그러나 최근에는 정찰은 물론 대량 살상까지 가능한 드론이 핵심 전력으로 부상하고 있다. 유인 전투기에 비해 가격이 10분의 1 이하이고, 추락해도 조종사 인명 피해가 없다는 장점 덕분이다. 중형급인 프레데터MQ-1, 날개폭 14.8m와 대형급인 리퍼MQ-9, 날개폭 20m 등이 꼽힌다.

여기서 한층 더 발전한 형태가 6세대 전투기로 불리는 '벌 떼 드론 부대'다. 미 공군은 F-35 전투기가 여러 대의 무인 폭격기를 지휘하고 항공 모함용 무인 전투기X-47를 이용한 작전을 구상하고 있다. 컨트롤 타워 역할을 하는 유인 스텔스기 1대가 폭탄을 탑재한 수십 대의 드론을 통제하며 적 레이더와 미사일 기지 등 핵심 시설을 초토화하는 방식이다. 목표물을 공격하는 능력이 더욱 향상되면 가장 효율적인 암살 장비로 변할 수도 있다. 이스라엘은 모기나 파리처럼 초소형 로봇을 개발해 헤즈볼라나 하마스 등 적대 무장 조직 요인을 암살하는 데 동원할 계획을 세우고 있다. 러시아와 중국 역시 유사한 기술 개발을 진행 중이다.

미국의 잠재적 상대로 부상하고 있는 중국은 드론을 1,300대 정도 보유한 것으로 알려져 있다. 아직 보유량에서는 차이가 나지만 추격 속도는 얕보기 힘들다. 중국은 드론 개발에 2013년 5억 7,000만 달러를 투입한 데 이어 매년 15%씩 증액해 2022년에는 투자액을 20억 달러 수준으로 늘릴 예정이다. 중국은 미국의 프레데터와 유사한 윈룽雲龍을 개발했다. 또 글로벌 호크를 본뜬 산룽三龍, 날개폭 25m을 개발 중이다. 스텔스 무인 전투기인 리젠利劍도 시험 중인데, 값싼 가격을 무기로 미국의 우방인 사우디아라비아와 수출 계약도 맺었다. 특히 쿼드콥터형 드론의 개발과 생산을 중국이 주도하고 있다는 점이 눈길을 끈다.

수천 개에 달하는 드론 기업이 전 세계 민간용 드론의 70%를 생산하고 있지만, 저가형 드론은 중국제가 압도적으로 많다. 중국은 아직 고급형 드론과 무장 탑재형 드론을 개발하는 데는 뒤떨어진 상황이다. 하지만 강력한 정부 지원이 뒷받침되는 터라 조만간 이스라엘과 미국 등 세계 수준에 도달할 것으로 보인다.

AI 드론이 강력한 무기인 만큼 우려 또한 계속 제기되고 있다. 한

번 명령을 내린 이후에는 통제 불능이 되는 가능성이 있어서다. 미국 싱크탱크 마이터코퍼레이션의 수석 사이버안보기술자 어빙 라차우는 미국 〈핵 과학자 회보〉 기고문을 통해 "미국과 중국의 군부가 드론 부대 실험을 하고 있는데 이런 기술은 의미 있는 인간 통제가 불가능한 무기 개발로 이어질 수 있어 윤리적 논란을 부를 것"이라고 지적했다.

더 나아가 강대국들은 미사일에 AI를 탑재할 수 있는 '스마트 미사일' 기술을 개발하는 데도 박차를 가하고 있다. 미 해군은 장거리 대함 미사일LRASM에 AI를 탑재하는 프로젝트를 진행 중이다. 러시아 군수 회사들 역시 공중에서 표적을 바꾸는 기술을 개발한다고 타스 통신이 밝힌 바 있다.

AI가 미사일에 탑재된다는 것은 최악의 경우 핵무기가 AI와 결합할 수도 있다는 의미다. 2018년 2월 미국이 발행한 '핵 태세 검토 보고서NPR'는 러시아가 '스테이터스-6'이라 불리는 핵탄두 탑재 해저 자동 비행 어뢰를 개발 중이라고 주장하며 러시아의 AI 무기 개발에 대해 경계심을 보였다.

이미 시작된 사이버 전쟁

2018년 12월 한국은 세계 최초로 5G 전파를 송출하는 나라에 올라섰다. 5G는 자율주행차, 가상현실 등을 더욱 빠르고 정확하게 구현할 핵심 기술이다. 그러나 한국은 통신의 신기원이 펼쳐지기 바로 직전에 무력화된 통신의 상황을 목도해야 했다. 인터넷과 전화의 불통으로 자영업자들은 영업에 차질을 빚었고, 매출 하락을 경험했다. 신용 카드는 무용지물이 됐고, 갑자기 쓰러진 노인이 119 신고를 하지 못해 사망하는 사례도 발생했다. 2018년 11월 말 발생한 KT 서울 아현지사 화재다. 서울 강북 지역과 고양시 일부 등 북서부 수도권 지역에서 유무선 통신에 장애를 유발한 화재 사고는 KT 통신망으로 연결된 ATM이나 신용 카드 단말기, IDC에서 호스팅하는 웹 사이트의 접속이 불가능해지는 등의 문제를 일으켰다.

문제는 전시 중 발생했다면 아찔했을 상황도 일어났다는 점이다. 며칠 뒤, 군 통신망의 일부 역시 화재로 불통됐다가 43시간 만에야 복구됐다는 사실이 알려진 것이다.

피해를 입은 망은 KT 아현지사를 경유하는 국방망 24개 회선과 합동지휘통제체계KJCCS 5개 회선, 군사정보통합시스템MIMS 4개 회선, 화상 회의 5개 회선 등 42개 회선이다. KJCCS의 경우 남태령-한미사령부, 수도방위사령부-예하 경비단, 56사단-예하 부대 간 통신이 한때 두절됐다. MIMS는 남태령-청와대, 남태령-국가정보원, 탐태령-안보지원사령부의 통신이 피해를 입었다. 국방망은 국방부-국회협력관실, 국방부-국방홍보원, 국방부-서울역TMO 등 통신에 문제가 생겼고, 화상 회의는 국방부-한미연합사령부, 남태령-한미연합사령부 간 통신 회선이 끊겼다.

국방부는 사고 직후인 오후 12시 10분 최초 상황을 접수한 뒤 오후 2시 22분께 합동참모본부 긴급 조치반 C형을 소집했다. 당일 오후 4시에는 합동참모본부 지휘 통신반에서 상황 관리로 전환했다.

군은 통신망 사건이 발생한 지 이틀이 지나서야 복구했다.

남태령 벙커는 유사시 대통령과 주요 부처 관계자들이 전쟁을 지휘하는 사실상의 '전시 청와대'다. 이곳에서 우리 군을 지휘하고 통제하는 체계가 KJCCS와 MIMS다. 통신 회사 지사 한곳의 화재로 우리 군의 주요 신경망이 일부 끊겨버린 셈이다.

국방부는 당초 KT 아현지사 화재가 발생하자 "국방부 청사에서 외부로 연결되는 전화망이 제대로 작동하지 않았다"며 "군 내부망은 KT 화재의 영향을 받지 않고 정상 작동했으며, 작전 대비 태세에는 차질이 없었다"고 했다. 그러나 실제로 화재가 발생하자 군 통신망이 마비됐으며 유사시 사용할 비상 연결망도 갖추지 못한 상황마저 드러났다.

사이버 공격이 미래 전쟁의 신무기로 꼽히는 현재, 무력한 한국의 현주소를 여실히 보여주는 사례다. 세계는 이미 상대국의 핵심 전산 시스템을 공격해 국가를 마비시키는 보이지 않는 전쟁을 하고 있다. '사이버 보안'이 차세대 기술로 손꼽히는 이유다.

대표 사례로는 이란의 발전소를 초토화시켰던 악성 코드 '스턱스넷'이 있다. 본래 국가 시설은 철저한 보안을 유지하고 네트워크는 외부와 분리시킴으로써 바이러스 침투나 해킹을 막는다. 그래서 첩보 스릴러 영화를 보면 상대국의 핵심 시설을 파괴하거나 정보를 빼낼 때 자체 제작한 해킹 소프트웨어를 이용해 특수 요원이 시설에 침투한 다음 프로그램에 접속하고 작동시키는 장면을 등장시킨다. 물론 일반인은 이런 장면이 실제로 불가능하다고 생각하면서 관람한다.

2010년 6월 처음 발견된 스턱스넷은 이런 관념을 깨부수어버렸다. 특수 요원 없이 소프트웨어가 스스로 대상을 탐지해 상대국의 원자력 발전소를 마비시키고, 침투한 흔적까지 없앤 것이다. 태생적으로 발전소, 철도, 항공, 전기 등 국가의 핵심 시설을 파괴할 목적으로 제작돼 네트워크를 떠도는 이 바이러스에 감염되면 대상 시설은 컨트롤되지 않는다. 그래서 스턱스넷은 '사이버 미사일'로 불리기도 한다.

이란을 공격한 스턱스넷은 지멘스의 제품을 목표로 잡았다. 유럽 최대 엔지니어링 회사인 지멘스는 원자력 발전소 같은 핵심 시설에 소프트웨어를 납품하고 있었다. 스턱스넷은 지멘스를 사용하는 원자력 발전소의 소프트웨어와 장비를 감염시킨 뒤, 해커가 장비를 제어할 수 있게 해주는 코드를 심도록 설계됐다.

2010년 스턱스넷은 이란의 우라늄 농축 시설이 있을 것으로 추정된 곳의 시스템에 침투했다. UN 안전보장이사회 결의안에 따라 사용 금지된 지멘스 제품을 이란이 비밀리에 사용하고 있었기 때문이다. 해당 시설의 원심 분리기는 1,000여 대였는데, 부셰르 원자력 발전소와 나탄즈 핵 시설의 원심 분리기 가동이 중단됐다. 이는 전체 원심 분리기의 약 10%에 해당하는 수치로 원자력 발전소의 가동을 1년 정도 지연시켰다. 확인 결과 공격 원리는 원심 분리기의 회전 속도를 올렸다가 내리는 것을 반복해 원심 분리기의 모터에 심한 진동과 충격을 일으켜 파괴시킨 것으로 드러났다.

글로벌 컴퓨터 보안 회사 '카스퍼스키 랩'은 이 수준의 정교한 공격은 국가 차원의 지원을 통해서만 가능할 것이라는 주장을 내놨다. 이후 많은 보안 전문가도 이 주장에 동의하며, 이란과 적대 관계에 있는 미국 혹은 이스라엘이 배후에 있을 것이라 추측했다. 추측은 실제로 밝혀졌다. 2012년 〈뉴욕 타임스〉는 미국 정부가 '올림픽 게임'이라는 이름으로 작전을 추진했다면서 제작을 지시한 사람이 버락 오바마 당시 대통령이었다고 보도했다.

2013년에는 프리즘 폭로 사건의 주역인 에드워드 스노든이 스턱스넷을 NSA와 이스라엘이 공동 제작했다고 폭로했다. 이스라엘이 이란의 우라늄 농축 시설에 폭격하는 것을 막으려는 이유에서였다고 전해졌다. 이란의 핵 개발 프로그램이 빠르게 진행되는 것에 위기감을 느낀 이스라엘이 우라늄 농축 시설을 폭격할 가능성이 제기되자, 미국이 스턱스넷으로 이란의 핵 개발 진척 속도를 느리게 하기 위해 만들었다는 논리다.

스턱스넷이 주목받은 가장 중요한 이유는 한 국가의 핵심 시설도 바이러스 침투나 해킹이 가능하다는 것을 최초로 증명했기 때문이다. 확실하게 구축된 보안과 단독 네트워크의 분리 등으로 철통 보안을 구축하면 문제가 없다는 신화를 깨버린 셈이다. 이는 테러 집단 역시 충분한 자금력과 조직력을 보유하고 있다면 국가 기관을 공격할 수 있다는 가능성을 보여준 사례다.

IT 발전 수준이 높다고 예외는 아니다. 2011년에는 러시아 출신이라고 추정되는 해커가 미국 일리노이주 상수도 시설의 시스템을 마비시킨 일이 발생했다. 미국 내 언론은 미국 주요 기반 시설이 해킹당한 첫 사례라고 보도했다.

해커는 보안이 철저한 상수도 시설을 해킹하는 대신 주요 인프라

▶ 한국인터넷진흥원KISA의 인터넷침해대응센터 종합상황실에서 직원들이 국내 주요 인터넷 사이트의 접속량을 살펴보고 있다. 이 상황실은 분산 서비스 거부DDoS와 악성 코드 등 각종 사이버 공격 징후를 24시간 모니터링 한다.

시스템과 시설에서 쓰는 감시제어데이터수집시스템SCADA 소프트웨어를 만드는 업체를 해킹했다. 해커는 해킹으로 훔친 아이디와 비밀번호로 상수도 시설에 접속했다. 해킹 결과는 일리노이주의 상수도 시설이 공격받아 수도를 공급하는 데 차질이 빚어진 수준이었다. 그러나 만약 원자력 발전소, 댐, 화학 공장 등을 해킹했더라면 대규모 인명 피해로 이어질 수도 있었다.

이 사건이 일어난 시기보다 현재는 통신 기반 시설에 더욱 많이 의존하고 있다. IoT 개념까지 도입돼 집 안 내에도 디지털 연결 기기가 빼곡히 들어차 있다. 이런 상황에서 사이버 공격은 더욱 파괴력 있는 무기가 될 수밖에 없다. 더구나 5G는 이 연결을 가속화한다. 한국 내에서도 5G 시대 개막에 따른 사이버 안보의 중요성이 더 커질 것으로 내다본다.

한국 외교부 당국자는 2019년 1월 기자들과 만나 "5G는 4G보다 인터넷 속도가 20배 빠르고 끊김 현상이 없어 상용화되면 사물과 연결시킬 수 있게 된다"며 "사이버상에서 물리적으로 위해를 가할 여건이 된다"면 "IoT를 통한 사이버 공격이 '게임 체인저'가 될 것"이라고 진단했다.

이 당국자는 "자율주행차 시대가 도래하면 서버 해킹을 통해 핸들을 조작함으로써 교통 혼란을 초래하는 일이 가능해진다"며 "사이버 안보가 국제 평화에서 이슈가 되는 특이점은 국가 기간 시설이 해킹 공격 대상이 될 때"라고 강조했다. 앞서 사례에서 보듯 통신, 교통, 에너지 등 각종 인프라 시스템이 컴퓨터 제어 시스템으로 작동되면서 해커들이 쉽게 서버에 침투할 환경이 된다는 말이다.

이 당국자는 "스턱스넷이 알려지면서 많은 나라가 사이버 공격이 물질적 피해를 줄 수 있다는 것을 알기 시작했다"며 "그때부터 사이버 공격이 국제 사회의 화급한 이슈가 됐다. 사이버 공격은 대량 살상 무기 수준의 영향력이 있지만 국제적으로 대응할 체제가 갖춰져 있지 않았기 때문"이라고 설명했다.

또 주요 국가의 사이버 안보 정책을 소개하며 "서방 국가들을 위주로 국가가 배후로 의심되는 사이버 공격의 경우 공개적으로 배후를 지목한 다음 비난하고 제재를 부과하자고 한다"고 밝혔다. 미국은 러시아가 2016년 자국 대선 국면에서 민주당 측을 해킹했다며 독자적인 제재를 내린 바 있다.

KISA에 따르면 한국에서 하루에 탐지되는 악성 코드는 2만 3,000여 개에 이른다. 한국 정부는 사이버 공격의 위험성을 인지하고 관련 국제 규범 마련, 상호 신뢰 조치 구축, 후진국 사이버 안보 역량 강화 등을 중심으로 대응한다는 입장이다. 하지만 정부 차원에서 제재를 부과하는 법적 근거는 없다. 이 당국자는 "아직 UN 안전보장이사회 차원에서 사이버 공격 대응 방안으로 제재를 가하고 있지는 않지만, 언젠가 그런 시점이 올 것이라는 게 전문가들의 예측"이라고 했다.

우주 전쟁도 멀지 않았다

저명한 미래학자 앨빈 토플러는 《전쟁 반전쟁》에서 "미래 전쟁에서 우주는 결정적인 요소가 될 것"이라며 "따라서 미래의 중요한 자산은 우주이고, 육·해·공군 3차원 개념을 육·해·공·우주 4차원의 전쟁 개념으로 변화시킬 것"이라고 예측했다. 미래 전쟁의 양상이 우주로까지 퍼져나갈 것이라는 말이다.

인류는 최근 30년 이내에 일어난 전쟁, 즉 걸프전, 보스니아 내전, 아프가니스탄전, 이라크전 등을 통해 우주에서 제공된 정보들과 조기 경보, 지휘 통제 수단이 결정적인 역할을 수행함으로써 우주가 군사 작전의 영역임을 증명했다. 피해를 최소화하거나 보다 좋은 작전 수행 환경을 위해 우주 기상을 활용하는 수준에서 벗어나 우주 기상 그 자체를 무기로 개발한다는 것이다.

미국은 우주 기상을 이용한 군사력 증강에 한 발 앞서 있다. 최신 장비나 우주선 등에 가장 많은 영향을 주는 태양풍 등 우주 기상

환경을 이용한 기술로 적의 공격을 무력화시키고 아군의 공격력을 한층 끌어올릴 수 있게 하는 방법 등이다. 미국 국방성이 주도하는 '고주파가 작동하는 오로라 연구 프로그램HAARP'은 이온권을 군사적으로 활용하기 위한 기상 연구 프로젝트다.

미래 전쟁은 우주를 더욱 안방처럼 여기는 상황에서 펼쳐질 가능성이 크다. 아주 먼 미래에나 있을 것이라 믿었던 '우주 전쟁'이 현실화될 것이라는 얘기다. 실제로 도널드 트럼프 대통령은 2018년 6월 백악관에서 진행된 국가우주위원회National Space Council 모임에서 우주 공간에 대한 미국의 지배력을 구축하기 위해 우주군을 창설할 것이라는 점을 천명했다. 그러면서 우주군이 기존의 육·해·공군, 해병대, 해안 경비대 등의 5대 군종軍種, military branch과 동등한 위상을 가지게 될 것이라는 점을 강조했다. 이후 미 국방부는 의회에 제출한 보고서를 통해 2020년까지 우주군의 창설을 완료한다는 목표를 제시했다.

트럼프 행정부의 우주군 창설 추진은 1947년 미 공군 창설 이래로 70여 년 만에 제6의 군종을 창설하려는 시도라는 점과 더불어 우주 공간에서의 전략적 경쟁에서 미국의 우위를 확보하고자 하는 노력이라는 점에서 눈길을 끈다.

마이클 펜스 부통령은 펜타곤 연설에서 "광활한 우주 공간에 등장하는 새로운 위협에 맞서야 할 미국의 다음 세대들은 미국의 제복을 입고 있을 것"이라며 "의회가 트럼프 정부가 구상하는 미국의 여섯 번째 병과로 만들어질 우주 방위군과 그 사령부를 지원할 부서, 이를 돕는 예산 관련 입법을 서둘러야 한다"고 밝혔다.

▶ 미국 국방부는 우주 전쟁 대비 무기 개발을 촉구하고 있다.

출처: 연합뉴스

우주군 창설 추진은 사회의 광범위한 영역에서 우주 공간에 대한 의존도가 심화됨에 따라 미국 국가 안보에서 우주 공간이 차지하는 중요성이 부각된 데 배경을 두고 있다. 문제는 우주 공간에서 미국의 지배력을 뒷받침하는 우주 위성 능력이 경쟁 국가들에 의해 도전받고 있다는 점이다.

2018년 3월 공개된 '세계 위협 평가서'는 미 정보 당국은 러시아와 중국이 미국과 연루된 분쟁에서 미국 및 동맹국들의 인공위성을 공격하는 파괴적·비파괴적 형태의 반위성anti-satellite 무기를 개발해왔을 뿐 아니라 실제로 이 무기를 사용할 의지가 있다고 평가했다. 이 위협 평가에 따르면, 중국은 우주 공간에서의 군사 역량을 구축하기 위해 인민해방군 산하에 전략 지원 부대를 창설했으며 지상 기반 미사일을 포함한 반위성 무기에 대한 초기 운용 훈련을 개시해왔다. 러시아 역시 중국과 유사한 종류의 반위성 무기 체계를 개발하고 있을 것으로 추정된다. 미국은 양국이 우주 공간에서의 군사적 역량을 향상시키려는 목적으로 실험용 인공위성을 지속적으로 발사해왔다는 점에 대해 우려하고 있다.

우주 공간에 대한 미국의 지배력이 도전받고 있는 상황을 반영해 2018년 1월 19일에 공개된 트럼프 행정부의 NDS 보고서는 미국이 육·해·공과 사이버 영역에서뿐 아니라 우주 공간에서도 전략적 경쟁에 직면하고 있다고 평가하고 있다. 이러한 전략 환경 평가를 배경으로 미국 내에서는 우주 공간에서 미국의 군사적 우위를 어떻게 담보할 것인가에 대한 논쟁이 전개됐다.

트럼프 대통령이 미국 우선주의를 기조로 하는 국가 우주 전략 National Space Strategy을 강조한 것을 계기로 이 논쟁은 미 의회 차원에서 다시 전개됐다. 그 결과 2018년 7월 23일에 미 상하 양원 군사위원회에서 최종 합의된 회계 연도 2019 국방 수권법을 통해 미 의회는 전략사령부Strategic Command 예하에 우주사령부를 창설하고, 신설될 우주사령부가 미 공군을 대신해 우주 전력의 통합적 운용을 담당하는 방안을 제안했다.

군사 초강대국인 미국의 우주 전쟁 이니셔티브는 판이 바뀌는 미래 전쟁의 양상을 잘 보여준다. 유사 이래로 인류가 벌인 대규모 전쟁은 거의 육지나 해상에서 벌어져왔다. 그러다가 해저와 공중으로 무대가 넓어진 것이 잠수함과 전투기가 등장한 2차 세계대전이다. 2차 세계대전 말, 현재의 대표적 비대칭 전력인 핵무기가 그 위력을 보여주면서 인류는 냉전에 접어들었다. 전통적 사회주의 국가들의 붕괴로 냉전 시대가 저문 뒤, 중국의 부상으로 미·중 갈등이 격화되고 있는 최근 인류는 우주로 무대가 확대되는 상황을 직접 목도하고 있다.

유재광 국회 미래연구원 부연구위원(외교/안보/북한)은 언론사 기고를 통해 "우주 전쟁의 핵심 키워드 3가지는 미래, 우주, 최첨단 무기"라며 "이 전쟁은 다가올 미래 강대국 간 주요 전쟁의 형태가 될 가능성이 높고, 고전적 전쟁의 공간을 넘어서는 우주 공간에서 벌어질 것"이라고 점쳤다. 이어서 "이 전쟁에 사용될 무기 체계는 전통적 화력이 아닌 새로운 형태의 최첨단 무기most advanced weaponry system를 기반으로 할 것"이라며 "인류는 가까운 미래에 기존 전통적 전쟁의 패러다임을 뛰어넘는 새로운 형태의 전쟁을 맞이할 가능성이 높다"고 덧붙였다.

펜타곤 연설에서 우주군의 필요성을 역설한 마이클 펜스 부통령은 이런 움직임이 공세적offensive 군사 운용이 아니라고 선을 그었지만, 러시아와 중국을 인용하며 우주 공간이 잠재적 적들과 미국이 대결해야 하는 전쟁의 영역warfighting domain으로 변환됐다고 단언한 것도 이런 이유에서다.

즉, 우주 전쟁은 SF 영화에서 보듯 지구인과 외계인과의 다툼이 아닌 강대국들의 대립 구조가 우주로 확장되는 것을 뜻한다. 물론 대결에서 동원되는 수단 역시 첨단 기술에 기반한 비전통적 무기 체계nonconventional weapon가 될 것이다. 첨단 기술 우주 전쟁 무기로는 대對 위성 무기ASAT: Anti-Satellite Weapons, 특히 '대 위성 중장거리 미사일'과 '대 위성 레이저', 위성의 기능을 무력화시킬 수 있는 '사이버 공격' 등이 꼽힌다.

미국은 주로 강대국 간 갈등이 첨예해질 경우, 미국의 가상의 적들이 우주 공간에 위치하는 미국의 위성에 대해 공격을 감행할 경우를 상정하고 있다. 위성이 무력화됨과 동시에 전투기와 전함 등의 기존 지구상 병력의 운용 체계를 초토화하는 식이다. 이에 대한 증명을 위해 미국은 2008년 기능을 잃은 자국의 정찰 위성을 반위성 미사일로 파괴하는 데 성공했다. 미국이 잠재적 상대로 우려하는 중국 역시 같은 실험을 2007년도에 실시했다. 2015년도에는 러시아도 유사한 실험을 한 것으로 알려져 있다.

문제는 이러한 미래 전쟁이 강대국 간의 '자국 안보' 추구라는 틀 안에서 벌어질 공산이 크다는 점이다. 이 강대국들은 자국의 안보 이익에 근거해 전쟁의 무대를 우주로 넓힐 수 있는 능력과 의지가 있는 나라들이다. 이 상황이 고착화되면 우주는 앞으로 중립 공간이 아니게 될 수 있다. 강대국들의 힘의 대결의 장으로 바뀔 것이니까 말이다. 미래에 우주 개발에 대한 이해관계가 분명히 존재하는 비非강대국들에게 우주 전쟁의 이러한 속성은 극복해야 할 과제로 꼽힌다.

전투 없이 전쟁 승패가 판가름

미래 전쟁의 요체는 바로 '전쟁이 시작되자마자 큰 전투를 치르지 않고 상대의 전력을 무력화해 전쟁의 판도를 결정짓는 것'에 있다. AI를 탑재한 드론이나 사이버 공격, 우주 전쟁의 기본은 모두 전투가 시작되기 전에 상대의 작전 능력을 무력화시키는 데 있다. 이 같은 전쟁의 효시로 지목되는 예가 바로 러시아-그루지야_{현재 조지아} 전쟁이다.

러시아는 당시 미국의 버금가는 군사 강대국으로 화력 면에서 압도적인 우위를 지니고 있었지만, '분산 서비스 거부_{DDoS}' 기법으로 그루지야 대통령궁 등 정부와 금융 기관의 중요 웹 사이트에 사이버 공격을 감행했다. 그루지야 정부와 금융 기관 등의 홈페이지는 즉시 마비됐고, 미하일 사캬슈빌리 그루지야 대통령의 홈페이지는 서버를 미국으로 옮겨야 했다. 내부의 불안감과 혼란을 극대화하기 위한 시도로, 정규전에 사이버전을 접목한 하이브리드 전쟁의 첫 사례였다.

2017년 7월 열린 국제 정보 보호 컨퍼런스에서 한국국방연구원 부형욱 박사는 "2008년 러시아가 그루지야를 침공하기 전 사이버전을 감행한 후 물리적 군사력을 투입시켰다"며 "현대 사회의 전쟁은 사이버 공격과 물리력이 함께 간다"고 발표했다. 또 "이란이 핵원자력 발전소에서 우라늄을 농축하고 있다는 첩보를 듣고 미국과 이스라엘이 합작해 우라늄 농축 원심 분리기를 마비시킨 적도 있다"고 앞서 말한 사례들을 언급하기도 했다.

AI를 탑재한 드론의 타격 방법도 국가 핵심 시설이나 주요 인사를 정밀 타격한다는 데 있어서 '전투 이전에 지휘 체계 무력화'를 목표로 두고 있다고 평가된다. 우주 전쟁도 이 같은 구상 안에서 구체화되는 것이다. 전쟁 수행을 위해 필요한 상호 연락 체계의 기능 정지를 첨단 기술을 통해 간단히 실현할 수 있기 때문이다. '이겨놓고 싸운다'를 밑바탕으로 해서 '결국 싸우지 않고 이긴다'는 전략을 추구하는 셈이다. 그렇다면 미래 전쟁의 기반이 되는 신무기들로는 무엇이 있을까?

21세기형 '게임 체인저' 신무기

마이클 콜은 앞으로의 전쟁 양상을 바꿀 미래 무기 체계의 게임 체인저로 5가지를 제시한다.

첫째, 초현실 스텔스hyper stealth, quantum stealth다. 빛의 굴절 반사가 가능한 물질의 개발로 표적이 인간의 눈에는 보이지 않는 물체로 변하는 것이다. 예를 들어 보이지 않는 전투복을 입은 특수 병사가 적진에서 활동할 수 있고, 적에게 기습 공격을 가할 수 있다. 탱크나 장갑차 등 지상 이동 물체의 외부를 초현실 스텔스 필름으로 처리한다면 적이 관측하기 어렵다.

둘째, 전자기 레일건Electromagnetic Rail Guns이다. 미 해군이 이미 함정에 장착해 운용 시험 중이다. 탄약을 장전한 발사보다 높은 포구 속도를 낼 수 있어서 정확도나 파괴력에서 우수한 편이다. 무엇보다 발사를 위한 탄약을 싣고 다닐 필요가 없어 군수 지원 측면에서 매우 유리하다.

셋째, 우주 무기다. 우주 공간은 다음 세대의 전장이 되어가고 있다. 공전하고 있는 군사용 인공위성을 전자 펄스탄EMP으로 무능화할 수 있는 무기가 개발 중이다. 지상에서 발사하는 체계뿐 아니라 비행기나 인공위성에서 발사할 수 있는 체계도 개발 중이다. 특히 우주선에 레이저 발사 장치를 장착한다면 ICBM의 초기 부상 단계에서 쉽게 사용될 수도 있다.

넷째, 초고속 크루즈 미사일Hypersonic Cruise Missiles and 'Prompt Global Strike'이다. 미국에서 개발 중인 X-51A 초고속 크루즈 비행체의 경우, 약 마하 5~8 수준의 속도로 현재보다 10배 정도 빠른 비행 속도를 갖게 된다. 전장에서 표적에 대한 긴박성이 요구될 수 있고, 표적이 이동해 사라져버릴 수도 있어서 초고속 비행 미사일은 실시간 원거리 타격에 매우 긴요하게 사용될 수 있다. 타격 지점까지 2~3시간을 이동하는 현재의 미사일에 비해, 10~20분으로 단축된다면 적이 대응할 시간을 허용하지 않고 타격이 가능하며, 지상의 표적 정보를 신속하게 공격해 속전속결의 수단이 될 수 있다.

다섯째, 무인 자율 무기 체계'Sentient' Unmanned Vehicles다. 현재 대부분의 무기 체계가 인간의 직접 조종이 필요하지만 장차 미래 무기 체계는 지상, 공중, 해상에서 자율적으로 기동·비행·항해하며 표적의 탐지에서 발사까지 스스로 수행할 것으로 보인다. 특히 AI와 결합되어 지능화된 로봇 무기는 육·해·공군 모든 영역에서 혁신적인 변화를 불러일으킬 것이다.

한국 육군도 5대 게임 체인저를 제시하고 있다. 북한의 핵무기 위협에 대응 능력을 갖추고 모든 형태의 도발에 즉각 대응할 수 있는 전투 준비 태세를 갖추는 데 요구되는 군사 능력이다.

첫째, 전천후·초정밀·고위력의 미사일 전력으로 '장사정포 킬러'라 불리는 전술 지대지 유도 무기, 북한 전역의 핵과 WMD 체계를 정밀 타격하는 현무2 시리즈, 북한 지도부를 응징할 수 있는 고위력 탄두인 가칭 현무4 등이다.

둘째, 전략 기동 군단으로 고도의 정보·기동성과 치명적 화력을 보유한 부대다. 지상과 공중으로 기동하며 상륙 부대와 해군 자산, 공군과 육군 항공 자산, 특수전 자산, 연합 자산의 통제가 가능하다.

셋째, 특임 여단이다. 특임 여단은 응징 보복의 핵심 전력으로 북한 지도부 제거와 핵·WMD를 무력화시키는 임무를 수행한다.

넷째, 드론 봇 전투 체계다. 드론 로봇이 주축이 되는 유무인 복합 전투 체계로, 소형 무인기와 드론 등을 활용해 핵심 표적에 대한 정찰 능력과 타격 수단을 연동한다.

다섯째, 워리어warrior 플랫폼이다. 전투원의 전투 장비와 장구류를 효과적으로 결합해 전투 효율을 극대화하기 위한 병사 전투 체계다.

요컨대 미래 무기 체계의 발전 추세는 PGM의 고도 정밀화, 미사일 같은 각종 비행체의 초고속화, 우주 물체의 무기화, AI를 결합한 자율 무기화, 화약에 의한 폭발 에너지의 활용보다 전자기나 레이저 에너지의 무기화 등이라고 할 수 있다.

영남대학교 김종열 군사학과 교수는 2018~2028까지 약 10년 동안 미국을 중심으로 미래 무기 체계가 어떤 추세로 연구 개발되고 있으며 그 무기 체계에 적용될 군사과학기술로 어떤 분야가 핵심적으로 발전하는지 다음의 표에서처럼 분석했다.

김종열 교수에 따르면 미래 무기 체계의 발전 추세는 PGM의 고도 정밀화, 미사일 등 비행체의 초고속화, 우주 물체의 무기화, AI를 결합한 로봇 등의 자율 무기화, 화약이 아닌 전자기나 레이저의 무

밀리테크4.0

미래 무기 체계의 발전 추세	무기 체계에 적용돼 구현될 군사과학기술
• PGM의 고도 정밀화 • 미사일 등 비행체의 초고속화 • 우주 물체의 무기화 • AI를 결합한 로봇 등의 자율 무기화 • 화약이 아닌 전자기나 레이저의 무기화	• AI와 로봇 기술 • 자율성 기술 • 전자기와 레이저 활용 기술 • 우주에서 인공위성의 무력화 기술 • 전사의 능력을 증강시키는 생물학 • 정보 보안과 고속 처리를 위한 양자 컴퓨팅 기술

출처: 김종열 영남대학교 군사학과 교수

기화 등으로 요약된다. 따라서 이 무기 체계에 적용돼 구현될 군사 과학기술은 AI와 로봇 기술, 자율성 기술, 전자기와 레이저 활용 기술, 우주에서 인공위성의 무력화 기술, 전사의 능력을 증강시키는 생물학, 정보 보안과 고속 처리를 위한 양자 컴퓨팅 기술 등으로 그 발전 추세를 요약할 수 있다.

06

문명의
발전

인류의 삶을 바꾼 밀리테크

인류의 발전은 밀리테크_{군사기술}의 발전과 맥을 같이한다. 혁신적인 밀리테크는 기존의 패러다임을 무너뜨리며 전쟁의 판도를 바꿨고, 민간 분야로 스며들어 문명을 진보시켰다. 살상을 목적으로 개발된 기술들은 아이러니하게도 보편적 인류의 삶의 질을 획기적으로 개선하는 데 기여했다. 군사용으로 개발된 혁신 기술들은 인류의 생활상을 근본적으로 변화시켰다.

대표적인 예로 전자레인지와 인터넷, 하이힐 등은 군사용으로 먼저 개발됐다. 이처럼 군사기술이 민간 기술로 확장된 사례는 헤아릴 수 없이 많다.

레이더와 잠수함, 로켓, GPS 등도 군사 목적으로 세상에 나왔다. 이 밖에도 컴퓨터, 덕트 테이프, 날씨 레이더, 디지털카메라, 제트 엔진, 초강력 접착제, 지프차, 캔, 페니실린, 손목시계, 야간 투시경, 수혈, 앰뷸런스 등 인류의 삶을 획기적으로 바꾼 수많은 발명품이 원래는 군사 목적으로 발명 혹은 고안됐다.

이제는 민간 분야에도 널리 쓰이며 '어른들의 장난감'이 된 드론의 시초도 밀리테크다. 최초의 드론은 1918년 미군이 개발한 '케터링 벅Kettering Bug'으로 널리 알려져 있다. 미군은 이후 한국전쟁과 베트남전에 드론을 시험적으로 투입하기도 했고, 1982년 레바논 전쟁부터 드론이 군사용으로 본격 사용됐다.

밀리테크는 사회·문화적으로도 인류에 지대한 영향을 끼쳤다고 할 수 있다. 세계 최초의 라디오 방송이 이뤄진 곳은 군대로 1920년 1월 미국 워싱턴의 아나고스티아 해군 비행장에서 방송된 군악대 연주였다.

'하이힐'을 널리 보급시킨 것은 중세의 기사들이었다. 격한 움직임으로 등자말에 오를 때 발을 딛는 받침에서 발이 빠지는 것을 막기 위한 디자인으로 고안됐다. 초기 하이힐은 십자군 전쟁 때 '사자왕' 리처드 1세와 부하들이 애용하면서 널리 퍼졌다.

'간편 조리 기구'의 대명사 전자레인지의 기원 역시 군사기술과 관계가 아주 깊다. 1945년 미국에 위치한 레이다 생산을 주로 했던 군수 기업 레이시온에서 일하던 퍼시 스펜서Percy LeBaron Spencer 사원은 어느 날 레이다 장비에 쓰일 마그네트론마이크로파 발전에 사용되는 진공관의 일종 옆에서 작업하던 중, 주머니에 넣어둔 초콜릿이 평소와 달리 완전

▶ 인류의 삶을 바꾼 군사기술

출처: "27 Military technologies that changed civilian life", pocket-lint.com

히 녹아내린 것을 발견했다. 스펜서는 '혹시 이게 마그네트론 때문에 녹은 것은 아닐까?'라는 생각을 하게 됐고 몇 가지 음식 재료들을 가져와서 실험을 해봤다.

마그네트론에서 발생하는 마이크로파를 팝콘용 옥수수에 쏘자 팝콘이 튀겨졌고, 계란을 놓고 마그네트론의 출력을 높이자 계란이 그 자리에서 터져버렸다. 스펜서는 이후 여러 번 실험을 진행해 마그네트론에서 방출되는 극초단파를 수분에 쏘이면 수분의 온도가 올라간다는 사실을 알아챘고, 마그네트론을 통해 음식물을 데우는 기술에 관한 특허를 출원했다.

스펜서가 근무하던 레이시온은 이 특허를 사들여, 1947년 '레이더레인지Radar range'라는 이름의 최초의 전자레인지를 시장에 출시했다. 이후 전자레인지는 전 세계로 퍼져나가 가정의 필수 가전제품으로 자리 잡았다.

IT 발전의 견인차

"인터넷은 인간이 발명해놓고도 이해하지 못하는 최초의 발명품이 며, 역사상 최대 규모의 무정부주의에 대한 실험이다." 에릭 슈미트 알파벳 이사회 의장_{회장}의 말이다.

'정보의 바다' 인터넷도 군 통신망에서 비롯됐다. 인터넷은 모든 사람의 정보에 대한 접근성을 쉽게 만들어 누구나 전문가가 될 수 있는 시대를 연 혁명적 발명이었다. 인터넷은 1969년 미국 국방부 DOD에서 군사 목적으로 캘리포니아대학 로스앤젤레스캠퍼스_{UCLA}와 스탠포드대학교 등이 보유한 컴퓨터를 네트워크로 연결한 알파넷 ARPANET이 그 시초다.

미국은 1957년 소련이 사상 최초로 '스푸트니크' 인공위성 발사에 성공한 것에 적잖은 충격을 받았다. 미 국방성은 군사 통신망을 안전 하게 보호할 수 있는 방법을 고민하기 시작했다. 핵전쟁의 위협이 상 존하던 1962년 미국 국방부 산하의 고등연구국_{ARPA: Advanced Research Projects Agency, 현재의 DARPA}은 커맨드 앤 컨트롤_{Command and Control} 기능 관련 연구를 담당할 부서_{IPTO: Information Processing Techniques Office}를 신설했다. 이 부서에서는 핵전쟁에서도 살아남을 수 있는 연구를 연구 과제로 삼았다. 이후 1960년대 후반 핵전쟁 아래에서도 안정적인 정보 교 환을 위한 네트워크 연구에 착수했다. 한동안 지지부진하던 네트워 크 연구는 분산형 컴퓨팅 기술 등이 개발되면서 가속화됐고 마침내 1969년 그 결실을 맺었다.

UCLA 컴퓨터과학부의 클라인 로크 교수는 매사추세츠공과대학

MIT 링컨연구소에 근무하던 친구 래리 로버트와 함께 국방성에 새로운 통신망 프로젝트를 제안했다. 1969년 9월 UCLA와 스탠포드대학 사이 첫 통신을 하는 데 성공했다. 이후 기존의 회선 방식보다는 패킷 방식이 안정적이라는 연구 결과를 바탕으로 UCLA와 스탠포드연구소SRI: Stanford Research Institute, 캘리포니아대학교 산타바버라EUCSB, 유타대학교 이상의 4곳을 네트워크로 연결해, 최초의 패킷 스위칭 네트워크인 알파넷이 탄생했다.

알파넷은 국방성과 군납 업체, 관련 연구 기관 등을 연결하는 데 쓰였다. 1983년 대폭 늘어난 사용량을 처리하기 위해 TCP/IP라는 새로운 통신 프로토콜이 적용되면서 알파넷은 최초의 진정한 인터넷으로 발전했다.

인터넷뿐 아니라 IT의 거의 모든 시작은 밀리테크로부터 비롯됐다고 해도 과언이 아니다. 컴퓨터의 효시라고 할 수 있는 2진법 근간의 '튜링 기계'는 2차 세계대전 당시 나치의 암호 '애니그마'를 풀기 위한 목적으로 고안됐다. 본래 컴퓨터는 탄도 계산을 위해 만들어졌다. 최초의 전자식 컴퓨터로 알려진 에니악은 탄도표를 계산할 목적으로 1946년에 에커트와 모클리에 의해 개발됐다. 대형 컴퓨터는 정부, 군대, 대자본, 연구소, 대학 등이 군사용, 우주 개발, 연구용으로 막대한 투자를 통해 개발이 이뤄졌다.

IT는 컴퓨터와 통신 기술이 결합ICT: 정보 통신 기술하면서 더욱 발전할 수 있었다. 컴퓨터와 통신이 처음 결합해 나타난 모뎀은 DOD가 방공망 시스템을 구축하기 위해 1950년부터 MIT와 함께 추진한 SAGESemi-Automatic Ground Environment 계획을 통해 개발됐다. 휴대 전화의 '코드 분할 다중 접속CDMA' 기술도 원래 무선 통신 암호화 기술로 개발됐던 것이 민간에서 활용된 것이다.

컴퓨터 발전과 동고동락을 같이한 반도체의 탄생에도 군이 핵심 역할을 했다. AT&T의 벨연구소는 통신 시스템의 부품으로 사용될 수 있는 신소재의 중요성을 인식하면서 반도체 연구팀을 신설했고 팀에 속한 바딘, 브래튼, 쇼클리가 레이더 검파기의 성능을 개량하는 과정에서 1947년 트랜지스터를 개발했다. 트랜지스터의 중요성을 일찍이 간파한 DOD는 AT&T의 트랜지스터 상용화를 적극 지원하고, AT&T가 생산한 트랜지스터의 절반가량을 구매하며 반도체의 탄생을 도왔다.

아이폰 탄생 비화

진정한 혁신은 기초 연구나 응용 연구에서 끝나는 것이 아니라 이를 통해 상품화를 이뤄내는 것이라고 카를로타 페레즈는 말한다. 이 같은 의미에서 '안보'라는 확실한 목적의식을 갖고 개발된 밀리테크는 분명한 결과물을 만들어낼 가능성이 높다고 볼 수 있다.

밀리테크의 발전사는 기업처럼 행동하고 위험을 부담하며 시장을 창조하는 국가에 의해서 주도되어왔다. 구글, 애플 등 IT 공룡들의 성공에는 미국 공공 부문이 지대한 역할을 했다. 이는 앞으로 다가올 밀리테크4.0의 대변혁에 국가 혹은 정부가 어떻게 준비하고 대응해야 할지 통찰을 준다.

영국 런던대학UCL 경제학 교수 마리아나 마추카토는 저서《기업가형 국가》에서 ICT에서 제약 산업까지 인류의 삶을 바꾼 신기술 개발 역사를 거슬러 올라가보면, 담대하게 위험을 감수하고 도전한 정부의 역할이 있었음을 강조한다.

돌이켜보면 신산업을 구성하는 주요 기술은 대부분 미국 정부의 투자로 개발됐다. 마이크로칩, 인터넷, GPS, 터치스크린은 DOD와 DARPA와 중앙정보국CIA의 작품이며, 미국 바이오산업의 신물질 신약의 75%가 국립보건원NIH 연구실에서 나왔다. 인터넷의 초석이 된 ICT 혁명의 기반 시설에는 시작부터 설치와 가동까지 국가의 막대한 자금이 투입됐다. 이를 통해 훗날 관련 기술의 상업적 이용을 통한 막대한 수익 창출로 이어졌다. 정부가 앞장서 개발 당시에는 미래가 불확실했던 기술들에 위험한 투자를 감행한 것이다. 이는 어떤 민간 투자자나 시장도 해낼 수 없었던 일이다. 또 기업이 할 수 없지만 미래를 위해 장기적인 '인내'를 감수하는, 국가만이 할 수 있는 일이기도 하다.

'스마트폰 혁명'을 불러온 애플사의 아이폰에 주목해보자. 마리아나 마추카토 교수는 애플의 아이폰에 쓰인 스마트 기술을 거슬러 올라가 국가 주도의 투자가 혁신에 주효했다는 결론을 내렸다. 아이폰의 주요 기술을 살펴보면 마이크로칩, 인터넷, GPS, 터치스크린은 DOD, DARPA와 CIA의 작품이다. 애플의 역작 아이폰 혹은 iOS 시스템이야말로 '밀리테크'의 산물인 셈이다.

대부분 사람들의 인식과 달리 애플은 흔히 말하는 자율적인 시장이 배출한 '신화'가 아니다. 애플은 초기 단계부터 중소기업 기술

▶ 2007년 역사적인 첫 아이폰 발표 현장에서 아이폰을 들고 서 있는 스티브 잡스

혁신 촉진 프로그램 등을 통해 정부로부터 자금을 지원받았다. 마추카토 교수는 이를 "애플이 공공 기금으로 개발한 기술을 재치 있게 '스마트' 제품으로 창조해내 판매했다"고 설명한다. 아이폰의 핵심 기술에 국가가 지원하지 않은 것은 단 하나도 없다는 것이다.

커뮤니케이션 기술 외에도 인터넷, GPS, 터치스크린 화면, 음성 인식 서비스 등 국가가 지원한 기술이 있었기에 아이폰은 점차 스마트해질 수 있었다. 분명 스티브 잡스가 영감 넘치는 천재라는 점은 부인할 수 없지만 아이폰과 아이패드 제국이 국가가 지원한 기술을 기반으로 설립되었다는 사실은 세간에 떠드는 이야기보다 애플의 기술적·경제적 성장을 훨씬 더 명확하게 설명해준다고 마추카토 교수는 강조한다. 21세기 스마트폰 혁명을 연 '애플 제국'의 근원에 밀리테크가 있다. 이는 애플과 같이 새로운 시장을 창출하고 소위 국가를 '먹여 살리는' 기업을 육성하고자 하는 전 세계의 리더들에게 국가의 방향성을 제시한다.

오늘날 애플은 가전제품 산업의 혁신을 이끌며 세계적으로 가장 사랑받는 전자 제품의 선두에 서 있다. 아이팟과 아이폰, 아이패드 같은 애플 제품의 성공과 인기는 이동형 컴퓨팅 장치와 통신 기술의 판도를 바꿔놓았다고 해도 과언이 아니다. 제품이 탄생한 지 10년이 채 되기도 전에 애플은 세계 최대 가치를 창출하는 기업 중 하나로 자리 잡았다. 애플의 새로운 iOS 제품 라인은 기업에 큰 성공을 안겼다. 애플의 새로운 iOS 제품의 성공과 인기는 과거 개인용 컴퓨터의 업적을 훨씬 넘어서는 것이었다.

그러나 애플의 획기적인 상품에 담겨 있는 핵심 기술이 '밀리테크'를 기반으로 한 국가 혁신 투자의 결과물이라는 점은 그다지 잘 알려져 있지 않다. 마추카토 교수는 "애플 제품의 성공은 훌륭한 디자인과 잡스의 천재성, 애플 조직원들의 원활한 협력에서 비롯됐지만 아이팟과 아이폰, 아이패드에서 찾을 수 있는 거의 모든 최첨단 기술은 정부와 군사의 연구 지원 성과였다"고 강조한다.

마추카토 교수에 따르면 실제 아이팟과 아이폰, 아이패드에는 12가지 주요 기술이 통합돼 있다. 이 기술은 시장에서 애플 제품을 경쟁사의 제품과 차별화시키는 '강화 도구'로 활용된다. 12가지 기술은 다음과 같다.

① 마이크로프로세서 또는 중앙 처리 장치, ② 동적 램, ③ 마이크로 하드 드라이브 저장소 혹은 하드 디스크 장치, ④ 액정 화면 LCD, ⑤ 리튬 이온 폴리머 전지 및 리튬 이온 전지, ⑥ 디지털 신호 처리, ⑦ 인터넷, ⑧ 인터넷 데이터 통신 규약 및 하이퍼텍스트 기용

대중적인 애플 상품

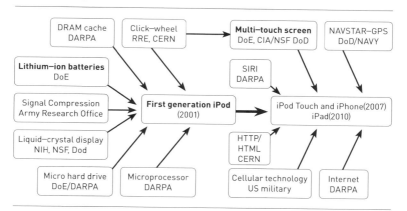

▶ 애플사의 아이팟, 아이폰에 쓰인 스마트 기술들의 원천으로, 마추카토 교수가 '혁신 관련 기초 연구에 대한 영향력'을 바탕으로 그린 OSTP 다이어그램이다.

출처: 마리아나 마추카토 지음, 김광래 옮김, 《기업가형 국가》, 매일경제신문사, 2015

언어, ⑨ 휴대 전화 기술 및 네트워크, ⑩ GPS, ⑪ 클릭 휠 및 멀티 터치스크린, ⑫ 음성-사용자 인터페이스 프로그램SIRI을 겸비한 AI 같은 반도체 장치 등이다.

이 기술들은 소비자 기대 지수와 사용자 경험에 큰 영향을 주는 획기적인 도구들이며 애플 제품의 선풍적인 인기와 성공을 이끌었다. 이 중 대표 기술들과 해당 기술들이 어떻게 군사 혹은 공공 분야에서 민간으로 전이돼 혁신을 야기했는지 마추카토 교수의 연구 결과를 토대로 살펴볼 것이다.

마이크로칩

오늘의 아이팟과 아이폰, 아이패드를 가능케 했던 요소는 손바닥 크기의 스마트 장치를 실현하는 작은 마이크로칩이다. 이 마이크로

칩은 가상의 순간에 기억 장치를 통해 다량의 정보를 공정하고 저장할 수 있다. 벨연구소와 페어차일드반도체, 인텔부터 아이폰, 아이패드까지 쓰인 집적 회로의 발달은 미 공군과 미국항공우주국NASA으로부터 지원을 받아 이뤄졌다.

새로운 회로 디자인을 바탕으로 한 첫 공정 장치의 독점적 소비자로서 미국 정부는 초기 마이크로프로세서의 개발과 일반적인 상업 시장에서는 감당할 수 없는 상호 보완적 전자 기기와 장치를 도입하는 기업에 자금을 투자했다. 미 공군이 요청한 대규모의 마이크로프로세서는 미닛맨2 미사일 프로그램에 의해 생성됐고, NASA의 아폴로 미션은 대형 메모리 용량과 마이크로프로세서의 생산 공정 향상을 요하는 기술적 한계를 넘어서기 위해 진행됐다.

멀티스크린

기능적 한계가 있는 터치패드에서 멀티터치스크린으로 진전한 것은 스마트폰 경쟁에서 '선구자' 애플의 엄청난 도약이자 성과였다. 정전식 터치스크린의 발명가로 알려진 존슨은 1960년대에 방어 관련 연구 기술 개발을 위해 설립된 영국 정부 기관 로열 레이더에서 근무할 당시 연구물을 출판했다. 1970년대와 1980년대에 각각 공공, 민간 연구 기관에서 존슨, 스텀프, 허스트 등의 학자가 지휘한 터치스크린의 기초 연구는 오늘날의 멀티터치 응용의 주요 기반을 세웠다.

멀티터치 스크롤링과 제스처의 시초를 개발한 것은 델라웨어대학의 웨인 웨스터맨과 존 엘리어스였다. 마추카토 교수에 따르면 웨인 웨스터맨은 델라웨어대학에서 존 엘리어스 교수의 지도를 받았으며, 국립과학재단NSF과 미국 CIA 후원 단체의 일원으로서 뇌신경 시스템을 연구하는 박사 과정 학생이었다. 결과적으로 정부 기관의 자금으로 웨스터맨과 엘리어스는 수십억 달러 가치의 휴대용 전자 장치 산업에 혁신을 일으킨 기술을 생산했다.

인터넷

냉전 시기에 미국은 핵 공격의 가능성과 핵 공격 이후의 통신망에 대해 염려했다. 미 공군 프로젝트 단체인 랜드연구소의 연구원인 폴 바란은 집중형 전화 교환 시설보다 통신 분산망국을 이 문제의 해결책으로 내놓았다. 탈중앙 집중적 의사 소통망이 있다면 핵 공격 이후에도 사령부와 통신망이 견뎌낼 수 있을 것이라는 판단에서다.

1970~1990년대까지 DARPA는 통신에 필요한 필수 통신 프로토콜컴퓨터의 인터넷 연결 시스템과 조작 시스템UNIX, 컴퓨터 운영 체제, 이메일 프로그램을 개발하기 위해 투자했다. 동시에 NSF는 미국의 첫 고속 디지털 네트워크 개발을 시작했다. 이 결과로 나온 인터넷은 세계 역사에 한 획을 긋고 현재 다방면에서 기초가 되는 기술이 되었다. 결과론적으로 말하자면 전 세계인이 현재 컴퓨터와 아이폰, 아이팟 혹은 아이패드 등 인기 스마트 기기를 사용해 지식을 공유하고 상업적으로 거래하는 것은, 핵 공격 이후의 통신망을 염려한 미군의 투자가 있었기에 가능했다.

GPS

아이팟과 아이폰, 아이패드가 나왔을 때 획기적이었던 또 다른 특징은 GPS를 활용한 기기라는 점이다. GPS의 기원을 살펴보면 전 세계의 지리적 위치를 디지털화하려는 DOD의 시도로 거슬러 올라간다. DOD는 군사 물품의 정확성을 향상시키려는 목적에서 GPS를 개발했다. 1970년대 군용 기술로 시작된 GPS 기술은 민수로 넘어와 다양한 용도로 민간인들 사이에서 이용되고 있다가 1990년대 중반부터 GPS의 민간 사용이 허락되면서 민간 사용 횟수가 빠르게 군사 사용 횟수를 앞질렀다.

미 공군은 오늘날까지도 연간 평균 705억 달러의 정부 예산을 들여서 GPS 시스템을 개발하고 유지하는 데 막대한 투자를 이어가고 있다. DOD에 따르면 달러 기준으로 1973~2000년까지 미 공군이 시스템을 개발하고 절차에 들인 비용이 56억 달러로 추산된다. 군사 사용 장비는 포함하지 않은 수치다.

SIRI

시리SIRI로 알려진 애플의 가상 개인 비서 또한 정부 재정과 연구에서 비롯됐다. SIRI는 기계 학습과 자연 언어 처리, 인터넷 탐색 알고리즘으로 구성된 애플의 AI 프로그램을 말한다. SIRI에 탑재된 근본 기술 역시 밀리테크에서 비롯됐다. 2000년 DARPA는 스탠포드연구소에게 군 인사를 도와줄 '가상 사무 보조원' 개발 프로젝트를 맡아줄 것을 의뢰했다. 스탠포드연구소는 '배우고 정리하는 인지 보조원' 프로젝트의 책임을 맡았고, 미국 전 지역의 대학교 20곳이 참여했다.

LCD

LCD 역시 국가의 안전을 위해 기술적 역량을 강화하려는 미국의 군사 전략적 판단으로부터 시작됐다. 일본의 평면판 표시 장치 산업의 경쟁력은 DOD를 긴장시켰다. 미국은 군사기술의 미래가 일본 공급자로부터만 충족될 수 있다는 점에 심각한 위기감을 느꼈다. 이에 따라 DOD는 산업 경쟁력을 강화하는 다양한 프로그램을 시행했다. 또한 산업 컨소시엄 구성, 제조 능력, 상품의 개선을 위한 자원 배치 등 액션 플랜을 실행했다.

LCD 기술에서 중요한 발전은 1970년대에 이뤄졌다. 피터 브로디의 웨스팅하우스의 연구실이 박막 트랜지스터를 개발한 것이다. 이 연구는 거의 전적으로 미 육군의 투자가 있었기에 가능했다. 웨스팅하우스의 경영진이 연구를 중단하기로 하자 브로디는 이 기술을 독립적으로 상업화하기 위해 자금을 유치하고자 했다. 애플, 제록스, 3M, IBM, DEC, 컴팩 같은 정상급 컴퓨터, 전지 관련 민간 기업들과 접촉했지만 모두 브로디의 계약을 거절했다. 브로디가 일본의 경쟁 기업들과 비교해서 경쟁력 있는 가격에 상품을 제공할 수 있는 제조 역량을 갖출 수 있을지 의심한 탓이다.

결국 구원의 손길을 내민 쪽은 다시 군軍이었다. 브로디는 1988년에 국방부 DARPA에서 780만 달러의 계약을 따냈고 TFT-LCD를 개발했다. LCD 기술에서 TFT-LCD의 개발은 초소형 컴퓨터와 전화기 등 휴대할 수 있는 전자 기기라는 새로운 세대의 디스플레이를 만들어낸 기초가 됐다.

초고속으로 진화하는 밀리테크

밀리테크는 전쟁 혹은 전쟁에 직면한 위기 상황에서 그 어떤 기술보다 빠른 속도로 진화하고 발전한다. 냉전 시대 수많은 혁신 기술이 군사 분야에서 파생될 수 있었던 이유다. 또 미국과 중국이 새롭게 패권 전쟁을 벌이고 있는 현재의 신新 냉전 구도에서 이 같은 기술의 '퀀텀 점프'가 다시 한 번 예상된다.

2009년 매크레이의 연구에서는 우수한 방어 기술을 제공해 혁신 체계를 형성하고 유지하려던 DARPA의 전쟁을 위한 투자가, 평화로운 시기에 어떻게 경제 경쟁력을 향상시키는 기술 투자로 변모한 것인지를 설명했다.

매크레이에 따르면 DOD는 '기술 재투자 계획'을 시작하며 냉전 이후 국가의 기존 기술 역량을 개선하기 위해 8,000억 달러를 투자했다. 기술 재투자 계획을 통해 DARPA는 군-산으로 구성돼 1,000억 달러의 자금을 제공받은 정부-민간 컨소시엄인 '스핀트로닉스'가 출현했다. 상업화가 가능한 기술과 군사 이득을 향한 군-민 양용 기술을 겨냥한 행보였다. 이 시기 기술 개발에서 DARPA의 역할이 적지 않았다는 것이 매크레이의 주장이다.

'위기감'과 '절박함'은 발전의 속도를 높이기도 한다. 실제 미국의 과학기술 혁신을 선도해온 DARPA의 설립은 소련의 스푸트니크 발사 성공이 직접적인 계기가 됐다. 미국 내에서 과학 정책에 대한 논의가 활발하던 무렵인 1957년 스푸트니크 발사 성공은 미국 정부와 학계에 상당한 심리적 충격을 줬다. 또 과학기술에 대한 여론의 관심을 불러왔다. 이에 따라 미국 정부는 연구 지원을 확대했고, NSF(1950), NASA(1958) 등 밀리테크의 원천이 되는 연구 기관들이 1950년대에 줄줄이 설립됐다.

발족 당시 ARPA의 임무는 스푸트니크의 발사 성공 같은 적국으로부터의 기술적 충격Technological Surprise을 방지하는 것이었다. 현재는 기초 연구와 군사적 활용 간의 간극을 메울 수 있는 연구를 선제적으로 지원해서 기술적 우위Technological Superiority를 유지하는 것으로 확장된 임무를 맡고 있다.

20세기 패권의 산실 DARPA

DARPA는 초강대국 미국의 혁신적 연구의 산실과도 같다. 특히 학계의 기반 기술과 산업계의 사업화 역량 간의 간극을 메워 국가 경쟁력을 강화하는 데 크게 기여해왔다.

2차 세계대전을 통해 과학기술의 중요성을 체감한 미국은 1950년대 DARPA를 국방부 산하 기구의 독립 연구 조직으로 발족했다. DARPA의 설립 목적은 국가 경쟁력의 기반인 미국의 과학기술적 우위를 강화하는 것으로, 중요하고 획기적인 수혜Revolutionary Advantage가 기대되지만 실패할 우려도 커서 대학이나 기업이 힘든 과제를 중점 연구 대상으로 한다.

기존 시장 구도를 바꾸는 '파괴적 혁신'의 선구자로 불리는 DARPA는 인터넷, 마우스, GPS, 스텔스 기술, UAV, 무인 자동차 등

DARPA 연구에서 사업화된 대표 사례

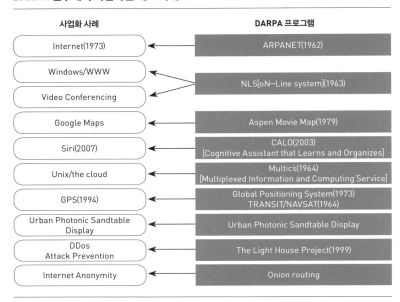

사업화 사례	DARPA 프로그램
Internet(1973)	ARPANET(1962)
Windows/WWW	NLS[oN—Line system](1963)
Video Conferencing	
Google Maps	Aspen Movie Map(1979)
Siri(2007)	CALO(2003) [Cognitive Assistant that Learns and Organizes]
Unix/the cloud	Multics(1964) [Multiplexed Information and Computing Service]
GPS(1994)	Global Positioning System(1973) TRANSIT/NAVSAT(1964)
Urban Photonic Sandtable Display	Urban Photonic Sandtable Display
DDos Attack Prevention	The Light House Project(1999)
Internet Anonymity	Onion routing

출처: LG경제연구원 보고서, 2013

군사 분야와 민간 분야를 아우르는 혁신적인 결과물을 꾸준히 내 났다. 군사 분야에서의 '게임 체인징' 기술이지만 민간 분야에서 활용이 가능한, 안보와 성장이라는 목표를 동시에 달성할 수 있는 뜻의 밀리테크4.0에 가장 특화된 기관으로 볼 수 있다.

실제 DARPA는 설립 초기부터 연방 정부가 국가 전략적 차원에서 연구 방향을 조정함에 따라 민간 부문의 R&D에도 기여해왔다. DARPA의 전체 프로그램 중 민간 분야 연구가 차지하는 비중은 1980년대 약 40% 수준에서 산업 경쟁력 향상이 중시된 1990년대 이후에는 50%까지 늘어났다.

구글의 무인 자동차 역시 DARPA의 연구 프로그램에서 발전된 것이다. DARPA는 무인 자동차 기술 연구에서 신속한 결과를 얻기 위해 우승 상금을 내걸고 경쟁 방식의 연구 프로그램을 개최했다. 2005년과 2007년 연달아 우승한 스탠포드대학팀은 폭스바겐과 구글의 후원을 받고 있었다. 이후 팀을 이끈 스탠포드대학 교수가 2011년 학교를 떠나 구글에 합류해 엑스랩X-Lab의 공동 설립자로 활동하면서 구글의 무인 자동차 프로젝트가 본격 출범했다.

07

두 마리 토끼

하이브리드 기술

미래 전쟁의 양상은 첨단 기술의 각축전이 될 전망이다. AI (로봇·드론) 군단, 사이버 전력, 우주 무기, 초현실 스텔스, 극초음속 미사일 등 밀리테크4.0의 전력 체계들이 무인無人 전쟁, 사이버 전쟁, 우주 전쟁을 벌일 것이다.

전 세계 주요 열강들은 사이버 보안, AI·로봇틱스, 퀀텀 컴퓨팅, 5G 네트웍스, 나노 소재 등 밀리테크4.0과 연계할 수 있는 4차산업의 핵심 구성 요소와 국방을 연계하는 시도를 경쟁적으로 펼치고 있다. 사이버전·UAV 등 첨단화하는 군사기술 트렌드에 대응하려면 민간 부문의 4차산업혁명의 기술 성과를 국방과 연계해야 한다는 계산에서다. 또한 국방 분야를 첨단 4차산업혁명 기술의 테스트베드로 삼아 첨단 민간 기술의 군사적 활용을 통해 국방 기술의 선진화를 도모한다는 구상이다. 이를테면 센서, 비전, 원격 통신 기술 등을 무인 항공 정찰용 드론을 개발하는 데 쓰는 식이다.

밀리테크4.0의 가장 큰 특징은 민군 겸용 기술이라는 점이다. 밀리테크3.0까지는 어느 정도 시차를 두고 군사기술에서의 혁명이 민간으로까지 파급 효과가 있었으나 현재는 둘 사이의 구분이 없어졌다. 밀리테크4.0의 이러한 특징 때문에 민군 통합civil-military integration에서 강점을 보이는 중국이 미국을 바짝 추격하는 양상이 지속될 것이라는 전망도 나온다.

구체적으로 밀리테크4.0은 군사와 민간 영역의 경계가 완전히 허물어진 하이브리드형 기술을 말한다. 밀리테크4.0에 대응하기 위해 국방 기술과 민간 기술을 상호 활용하는 것이 전 세계적 트렌드다. 이를 통해 민·군 상호 간 혁신을 유도하고 밀리테크4.0 기술로 안보와 성장이라는 두 마리 토끼를 잡겠다는 것이 각국의 계획이다.

미국, 프랑스, 영국 등 군사 강국들은 민간 기술을 국방에 도입하고, 국방 기술을 상업화하는 등 중점적으로 추진하고 이를 통한 신사업 혁신 등을 도모하고 있다. 미국의 국가 나노 기술 주도 전략 NNI:National Nanotechnology Initiative과 프랑스의 고속 원자로 개발 프로그램 ASTRID Program 등이 대표적이다.

2016년 1월 스위스 다보스에서 개최된 세계경제포럼WEF에서 클라우스 슈밥 회장은 물리학, 생물학, 디지털 영역의 융합 기술들이 산업과 사회의 패러다임을 바꾸며 4차산업혁명으로 발전해나갈 것이라는 선언적인 주장을 내놨다. 18세기 초 생산성의 혁신을 가져왔던 기계화 혁명, 20세기 초 전기 에너지에 의한 대량 생산 혁명, 20세기 후반 컴퓨터 및 인터넷 혁명으로 요약되는 3차산업혁명에 이어 '사이버-물리 시스템'에 기반한 4차산업혁명이 급부상한다는 것이다.

4차산업혁명은 전 세계적으로 시대적 이슈로 떠오르며 각 분야에서 급격한 변화를 가져오고 있다. 특히 각국은 기술 4차산업혁명을 이끌 '퍼스트 무버'가 되기 위해 AI, 5G, 퀀텀 컴퓨팅 등 '게임 체인징' 기술을 향후 어떻게 발전시켜 나아갈지 국가 차원에서 전략을 수립하고 이에 대비하고 있다.

4차산업혁명 시대에는 과거 인류의 삶을 바꾼 과학기술의 근간이 됐던 군사기술과 민간의 영역이 완전히 허물어졌다고 해도 과언이 아니다. 이는 밀리테크4.0을 준비하는 것이 4차산업혁명을 준비하는 길이라는 뜻이기도 하다. 4차산업혁명위원회는 4차산업을 'AI, 빅데이터 등 디지털 기술로 촉발되는 초연결 기반의 지능화 혁명'으로 정의하고 있다.

4차산업혁명 시대에는 IoT를 기반으로 모든 사물이 연결되며 데이터 수집, 분석 및 처리가 고도화되고 기계 스스로 학습하면서 새로운 가치를 창출할 것이라는 의미다. 또 5G와 AI를 기반으로 스마트 에너지와 스마트 보안, 스마트시티 등 융합 기술을 활용해 무궁무진한 신산업이 창출될 것으로 기대된다.

군사기술이 과학기술 혁신을 선도했던 과거와 달리 4차산업혁명 시대에는 구글, 아마존, 알리바바 같은 거대 플랫폼 사업자들을 중심으로 AI, 빅데이터, IoT 등 관련 기술 개발이 이뤄지고 있다. 국방 측면에서는 이러한 4차산업혁명과 관련된 기술들에 대해서 민간 기술 수준이 높은 기술들을 적극 도입해 국방의 특성 및 수요에 맞춰 특화하고 개선시키는 것이 현실적인 방안이다. 동시에 고도의 정밀도와 안정성, 최첨단화가 요구되는 밀리테크의 특성을 살려 획기적인 기술을 민수에 적용해 상업화하는 시도가 필요하다.

혁신은 다양한 분야에서 예상하지 못한 시점에 나오기도 한다. 4차산업의 다양한 분야에서 민수 분야의 기술 혁신이 군사 분야의 혁신을 뛰어넘는 것은 부정할 수 없는 최근의 추세다. 더 이상 기술 혁신은 밀리테크, 방위산업이나 항공 우주 등 기존에 군사 영역으로 치부되어온 분야에만 국한되지 않는다.

그러나 높은 요구 사항을 충족시키는 기술들은 여전히 군사·안보 분야에서 나오는 것도 사실이다. 밀리테크는 여전히 가장 높은 요구 사항을 기준으로 기술의 최대 한계치를 테스트한다. 즉, 방위산업은 가장 높은 수준의 기술을 요하는 분야라는 것이다. 가령 정찰 위성의 경우 다양한 부문에서 혁신이 이뤄지고 있고 민간 부문에서도 많이 활용되고 있지만, 여전히 최고의 해상도와 최상의 성능을 요구하는 부문은 방위산업 부문이다.

따라서 국가 차원에서 단순히 안보 측면을 제외하고라도 방위산업에서 기술을 발전시키는 것은 여전히 매우 중요한 이슈다. 최대한 한계치까지 기술을 테스트하고 발전시키다 보면, 그 기술이 어디로 튈지 모를 일이기 때문이다. 이에 대해 글로벌 방위산업체의 한 고위 관계자는 "설령 방위산업 분야에서 기술이 개발되지 않았더라

세계 20대 무기 생산 업체 현황

순위 (2016)	순위 (2015)	회사명	국가	무기 판매 2016	무기 판매 2015	총판매 (2016)	무기 판매율 (%)	총이익 (2016)	직원 수
1	1	Lockheed Martin Corp.	미국	40,830	36,900	47,248	86	5,302	97,000
2	2	Boeing	미국	29,510	28,313	94,571	31	4,895	150,500
3	4	Raytheon	미국	22,910	22,055	24,069	95	2,174	63,000
4	3	BAE Systems	영국	22,790	22,689	24,008	95	2,351	83,000
5	5	Northrop Grumman Corp.	미국	21,400	20,313	24,508	87	2,200	67,000
6	6	General Dynamics Corp.	미국	19,230	19,483	31,353	61	2,955	98,800
7	7	Airbus Group	범유럽	12,520	12,869	73,652	17	1,101	133,780
S	S	BAE Systems Inc. (BAE Systems UK)	미국	9,300	9,417	10,000	93	−	29,500
8	10	L-3 Communications	미국	8,890	8,881	10,511	85	647	38,000
9	9	Leonardo	이탈리아	8,500	9,264	13,277	64	561	45,630
10	11	Thales	프랑스	8,170	8,094	16,471	50	1,073	64,100
11	8	United Technologies Corp.	미국	6,870	9,620	57,244	12	5,436	−
12	12	Huntington Ingalls Industries	미국	6,720	6,825	7,068	95	573	37,000
13	17	United Aircraft Corp.	러시아	5,160	4,465	6,216	83	−67	−
14	16	Bechtel Corp.	미국	4,920	4,658	−	−	−	53,000
15	19	Textron	미국	4,760	3,696	13,788	35	843	36,000
S	S	Pratt & Whitney (United Technology Corp. USA)	미국	4,530	4,587	15,100	30	−	35,100
16	14	Rolls-Royce	영국	4,450	4,260	18,601	24	−	49,900
17	25	Leidos	미국	4,300	3,332	7,043	61	246	32,000
18	13	Harris Corp.	미국	4,200	4,982	5,900	71	553	17,000
19	15	United Shipbuilding Corp.	러시아	4,030	4,553	4,501	89	90	89,650
20	18	Booz Allen Hamilton	미국	4,000	3,949	5,804	69	252	23,300

*S는 자회사를 의미하고, 회사명은 2016년 12월 31일 기준. 2015년 실적은 자료 최신화 등에 따라 SIPRI 2016에 명시되었던 실적과 다를 수 있음. 중국의 경우 100대 무기 생산 업체에 포함될 회사가 다수 있으나, 정확한 데이터 산출 불가로 제외.
*투자 회사나 모회사 소유의 자회사는 소괄호에 모회사와 국가명 명시.

출처: 《2018 세계 방산 시장 연감》

도, 방위산업에서 활용하려면 해당 기술의 한계치를 테스트하게 된다"고 설명했다. 이 같은 맥락에서 밀리테크4.0은 민간 분야에서의 혁신을 지속적으로 추구하되, 군사 분야의 첨단 테크_{근원적인 기술}의 발전을 동시에 추구하는 개념이라고 할 수 있다.

글로벌 방위산업체들도 방위산업 분야의 핵심 기술을 적용해 민수 영역으로의 확장을 꾀하고 있다. 이는 방위산업에서의 성장 정체와, 첨단 군사기술의 민수로의 스핀-오프가 용이해진 환경 변화에 기인한다. 《2018 세계 방산 시장 연감》에 따르면, 세계 100대 무기 생산 업체 중 상위 10개 업체는 모두 미국과 서유럽 회사다. 이들이 차지하는 비중은 52%로 2015년과 유사하지만 2008년 금융 위기 이후 이들의 지배 체제는 서서히 약화되고 있다. 이는 다른 국가들이 상당량의 무기를 자국에서 획득하고 있기 때문이다.

또한 다수의 방위산업체는 사업의 상당 부분을 미 정부와의 계약에 의존하고 있는데, 2015년 기준 전 세계 국방비 지출의 36%를 차지하는 압도적 1위 국가인 미국 정부의 재정 지출 삭감 계획에 따른 국방 예산 감축은 주요 방위산업체의 재무 상태에 불리하게 작용할 가능성이 크다. 이에 따라 전통적인 방위산업 시장은 하락세에 접어들었다.

국방기술품질원은 "앞으로 전개될 국방 예산 삭감의 시대에는 매출의 대부분을 무기 판매에 의존하는 기업보다는 다양한 포트폴리오를 보유한 기업이 더 유리한 위치를 차지할 수 있다"고 분석했다. 실제 방위산업체들은 매출처 다변화를 위해 핵심 사업 영역 이외의 분야로 업무를 확대하거나 규제 정책의 성격이 방위산업과 거의 유사한 부문으로 새로운 방향을 모색하고 있다. 글로벌 방위산업 1위 업체인 록히드마틴을 비롯해 제너럴다이내믹스는 의료 지원, 사이버 보안 같은 정보 서비스 조직의 활용과 미국 정부의 규제 정책에 영향을 받는 시장에 초점을 맞추고 있다.

군사와 민간의 경계가 허물어진 밀리테크4.0 시대에는 방위산업체들도 기존 고객은 물론 미래의 고객 요구를 충족시키기 위해 끊임없이 제품과 서비스 포트폴리오를 강화시켜야 생존이 가능하다. 록히드마틴의 경쟁사가 보잉이나 레이시온이 아니라 구글이나 애플이 될 수 있다는 뜻이다.

밀리테크4.0은 민군 겸용이 가능하고, 하나의 기술이 여러 기술과 융합돼 폭발적인 부가 가치를 창출할 수 있는 하이브리드형 기술의 형태를 띨 것이다. 기업이 공급하는 제품과 서비스의 포트폴리오를 밀리테크4.0의 기준에 맞춰 향상하기 위해 업체들은 독립적인 R&D 활동, 파트너십과 공동 개발, M&A, 기업 분할, 사내 구조조정 등 다양한 활동에 매진하는 것이 2019년 방위산업 시장의 현주소다.

미국과 중국 간의 기술 패권 전쟁Digtal Cold War의 심화와 민간에서 촉발된 4차산업혁명의 영향으로 군수와 민수 분야의 스핀-온·스핀-오프 현상은 더욱 가속화할 것으로 전망된다. 정치 외교학적인 이유로 촉발된 군사 분야에서의 기술 발전이 4차산업혁명을 가속화하고, 빅데이터를 보유한 글로벌 플랫폼과 IT 기업들이 주도하는 민간 분야에서의 기술 혁신이 방위산업에 도움을 주는 밀리테크4.0의 시대가 활짝 열릴 것이다.

실제 〈매일경제〉 국민보고대회 취재팀이 미국, 유럽, 이스라엘 등 전 세계 주요 군사 분야 싱크탱크와 방위산업체 등을 취재한 결과, 글로벌 방위산업체들은 현재 군사 분야에서 주목하는 '밀리테크'가 민간 분야에서도 혁신을 가속화하는 상황에 주목하고 있었다. 다수의 방위산업체는 민수·군수 간 경계가 무너짐에 따라 대비책을 마련하는 데 분주한 모습이었다. 방위산업체 관계자들은 "군수와 민수 분야의 경계는 더는 존재하지 않고, 구분 짓는 것이 의미가 없다. 민수와 군수 분야에서 주목하는 기술들이 정확히 겹친다"고 입을 모았다. 군사기술로 개발된 기술이 민간 분야로 넘어와 인류의 삶을 개선하는 효과가 기대되는 반면, 민간 분야의 혁신으로 촉발된 군사기술의 발전으로 인한 AI 로봇의 도덕성 문제, 테러, 사이버 공격 등 위험성도 내포하고 있다는 지적도 나왔다.

글로벌 방위산업체 인터뷰 ①
이탈리아 레오나르도_ 지오반니 소코다토 전략혁신본부장

Q 글로벌 방위산업체인 레오나르도Leonardo는 전체 매출의 13%를 R&D에 투자하는 걸로 알고 있다. 레오나르도가 성장 동력으로 집중 육성하고 있는 분야나 기술은 무엇인가?
A 레오나르도는 전 세계적으로 헬기 분야를 선도하고 있으며 매우 현대적인 제품의 포트폴리오를 보유하고 있다. 앞으로도 우위를 지켜가기 위해 신기술을 접목하고 제품을 지속 개발하고 있다.

▶ 지오반니 소코다토Giovanni Sccodato 전략혁신본부장

최근 시장 동향을 살펴보면 고객들은 사이버 보안 및 방호, 시스템 보안 등에 높은 수요를 보이고 있으며, 레오나르도가 앞으로 더 활약할 수 있는 중요한 분야인 만큼 매우 중요하게 다루고 있다. 그 밖에 상황 인식situational awareness 분야도 집중 육성하는 분야다. 관련된 제반 기술의 경우 미래에 매우 긴요하게 활용될 혁신 요인을 포함하고 있다.

빅데이터 분석은 여러 소스로부터 정보를 추출하고 신속한 분석을 거쳐 전반적인 추세를 도출해내는 핵심 분야다. 레오나르도는 이 부분에 집중하고 있다. 최신예 양자 기술 또한 탐지 및 처리 역량을 향상시킬 것으로 기대된다. 상호 운용이 가능한 IoT도 주목하고 있다. 이 부분들은 향후 시스템 전개 및 역량을 확보하는 데 큰 잠재력이 있으므로 장차 투자를 넓혀갈 분야들이다.

군사 및 방위 목적으로 개발한 높은 수준의 사이버 보안 솔루션을 민간 솔루션으로 발전시켜 정부 기관을 시작으로 다양한 민수 분야 소요를 충족시키기 위해 노력할 것이다.

Q 레오나르도는 민간 분야의 파이를 키우고 있다. 이에 따른 기술 혁신을 위해 '오픈 이노베이션' 방식으로 2017년 한 해에만 200건 이상의 산학연 협업을 실시한 것으로 알고 있다. 레오나르도의 산학연 협업 모델이 어떤 것이며 어떻게 효율적으로 운영되고 있는가?

A '오픈 이노베이션'은 크게 2가지 차원에서 접근한다. 구조적으로 보자면, 90개 이상의 주요 대학과 협력해 프로젝트 및 리서치 이니셔티브를 실시한다. 이는 레오나르도가 통상적으로 연구 기관 및 대학들과 협업하는 방식이다.

최근 들어 '오픈 이노베이션 이니셔티브'를 더 효율적으로 활용하기 위한 하나의 일환으로 가장 먼저 회사 내부적으로 제품 및 역량 강화를 위한 제반 기술이 무엇인지를 파악한다. 현재 제품군과 더불어 미래 트렌드를 기반으로 가장 연관성 높은 기술을 파악하는 것이다. 이를 바탕으로 기술 로드맵을 구축한다. 무슨 기술인지, 방향성은 무엇인지, 레오나르도가 해당 기술을 취할 수 있는 방법은 무엇인지, 역량과 경쟁력을 어떻게 강화할 수 있는지에 대한 포괄적인 항목들을 다루고 있다. 이를 통해 기술 로드맵을 형성한 후 내부적으로 개발할 것인지 외부 파트너와 협업할 것인지 결정하게 된다.

후자의 경우 특정 역량을 보유한 연구 기관, 스타트업, 중소기업, 강소기업 등을 파악하고 레오나르도의 기술을 개발하는 데 도움을 줄 수 있는 대상을 선정한다. 이를 통해 파트너를 정한 다음 개념 검증을 한다. 필요한 기술인지, 사용 가능한지를 파악한 뒤 문제 해결을 위한 솔루션을 도출한다. 좋은 솔루션을 발견하면 계속 개발을 진행한다. 이렇게 개발된 솔루션은 사용되는 기술 자체가 민군 겸용으로 사용될 수 있는 경우가 많아 매우 흥미로운 부분이다. 즉, 방위 및 안보 솔루션을 기타 민간 영역으로 활용 범위를 확대할 수 있는 것이다.

헬기 사업을 예로 들면, 해당 기술과 플랫폼을 민군 겸용으로 활용하는 것은 매우 쉽다. 마찬가지로 항공 우주 분야의 경우 통신, 관찰, 항법 시스템 등 민간 및 군용으로 동시에 활용이 가능하다. 통상적으로 우리는 해당 기술을 최대한 활용하기 위해 민간 영역에서 활용될 수 있는 부분을 지속적으로 발굴하고 있다.

Q 과거에는 군사 분야에서 나온 기술이 민간 부문을 주도했는데, 최근 트렌드를 보면 민간에서의 혁신 속도가 더 빠르게 진행되고 있는 것 같다. 방위산업체들은 이런 상황에 대처하기 위해 전담 조직을 운영한다거나 M&A를 통해 기술력을 확보하는 모습이다. 이에 대한 레오나르도의 시각 및 대응 방안은 무엇인지 궁금하다.

A 내부 해결책과 M&A 등 2가지 다 활용하고 있다. 혁신은 다양한 산업군과 분야에서 이뤄지고 있으며 기업이 자체 개발하거나 단독 예산을 확보해 쉽게 진행할 수 있는 부분이 아니다.

혁신은 이제 다양한 산업군과 분야에서 나오고 있으며 우리의 생태계와 밀접한 연관이 있다. 이를 위해 R&D에 새로운 사고방식을 접목시키는 것이 중요하다. 레오나르도가 하는 방식은 엔지니어링팀의 문화를 변화시키는 것으로, 조언과 피드백 등을 수렴하고 외부 프로젝트를 통해 혁신을 도모하고 있다. 동종 기술 업계의 접근법들을 파악하고 특정 기술이 연구 기관, 스타트업 등에서 어떻게 활용되고 있는지를 파악하며 방위, 안보, 항공 우주 분야에 접목시킬 수 있는 방안에 대해 고민한다.

레오나르도는 포커스 프로젝트focus project를 통해 혁신 기술에 대한 분석 및 타당성을 검토한다. 이를 위한 예산을 배정하고 기술에 대한 가치도 판단한다. 여기서 진정한 가치가 있다고 판단되는 기술은 레오나르도 사업에 활용하기 위해 크게 2가지 방식으로 접근한다. 첫 번째 방식은 다른 업체와 협약 등을 맺어 새로운 기술을 발굴하는 것이다. 또 다른 방법은 정말로 혁신적이며 근접한 미래에 사용될 수 있는 기술일 경우, M&A 등의 방식으로 향후 레오나르도 사업에 중요하게 쓰일 역량을 확보한다. 물론 이러한 일련의 과정들이 쉬운 것은 아니다. 모든 영역에 걸쳐 경쟁의 성격도 다르고 참여하는 인력들도 다르지만, 전부 동일한 기술을 목표로 경쟁에 뛰어들기 때문이다.

글로벌 방위산업체 인터뷰 ②

프랑스 탈레스_ 알랭 부캉 전략담당고문/프랑스군 예비역 중장

Q 군사 산업과 민간 산업의 경계가 무너지는 것이 사실인가? AI 시

▶ 알랭 부캉Alain Bouqin 전략담당고문/프랑스군 예비역 중장

대에 군사기술 진보는 민과 군 중 어디에서 주도해야 하는가?

A 정확하게 민군 경계가 무너지고 있다. 군사 분야에서의 게임 체인저비대칭 전력가 무엇인지를 생각해본다면, 과거에도 역사적으로 게임 체인저가 등장한 시대가 있었다. 1960년대에는 미사일이었고, 1970년대에는 공군력이었다. 이 밖에 항공 모함, 핵무기 등이 있었다. 가까운 미래, 즉 2030년대를 본다면 AI, 커넥티비티IoT, 빅데이터 애널리틱스, 사이버 보안을 꼽는다. 레이저, 나노 기술 등도 게임 체인저가 될 수 있다.

'게임 체인저'가 과거에는 비행기나 미사일이었고, 그 중심에 군 산업이 있었다면 현재 디지털 전장에는 국경이 없다. 영역도 없다. 반대로 군사기술이 민수 분야시빌 테크닉에서 많이 적용이 되고 있다.

또 현재는 민간 영역에서의 기술 개발이 훨씬 빠르다. 민군 양쪽이 추구하는 것이 통하기도 한다. 군사 분야에서는 민수에서 개발이 빨리 되는 기술을 접목을 해서 같이 발전하고 있기도 하다. 과거 군사 테크닉은 군사 목적만을 위해 개발하고 이용했지만, 앞으로는 좋은 기술을 빨리 채택해서 군사적으로 접목시키고, 민간에도 활용하는 것이 중요하다는 뜻이다. 훨씬 빠르고 경제적으로 말이다.

Q 향후 밀리테크가 현재의 비대칭 전력을 무너뜨릴 가능성은 얼마나 있는가?

A 밀리테크를 통해 (현재) 힘이 없는 자들이 힘을 가질 수 있는 하나의 방법이 될 수 있다. 이 같은 기술들을 '우회전의 리스크'라고 부른다. 군수 산업이나 국방 분야에서도 이 같은 위험을 감지한 상태다.

테러 단체에서 AI 드론을 써서 공격을 하거나, 큰 힘이 있는 강대국 사이에서 작은 국가나 집단이 밀리테크를 쉽게 변형하거나 무기화할 수 있는 위험성도 있다. 소규모 집단이 스타트업의 정신을 활용해 밀리테크를 비대칭 전력화하고 스타트업처럼 공격을 하는 것이라고 할 수 있다.

밀리테크의 변화를 탈레스 같은 큰 방위산업체들도 감지하고 대응하고 있다. 밀리테크를 개발하려면 큰 그룹도 스타트업처럼 조직 DNA를 바꾸고 준비해야 한다.

Q 글로벌 방산업체가 스타트업처럼 변모한다는 것은 어떤 의미인가?

A 크게 2가지로 볼 수 있다. 스타트업처럼 빠르게 결정을 내리도록

조직 체계를 바꾸는 한편 스타트업을 직접 인수하거나 키우는 것을 말한다.

실제 탈레스는 스타트업을 키우는 인큐베이터 역할도 하고 있다. 자체 시스템을 통해 혁신을 촉진하는 스타트업을 키우고, 투자하고, 이들이 개발한 제품을 탈레스의 비즈니스에 접목하려는 시도를 하고 있다. 시제품 제작을 위한 자체 디지털 팩토리도 만들었다. 어떤 아이디어가 있으면 아이디어를 신속하게 시제품화하고 실용화를 따져서 산업, 제작팀으로 넘어가는 식이다. 이렇게 기술 개발을 하고 빨리 만드는 것이 스타트업의 방식이다.

외부 회사들을 관망하면서 키우는 것과 내부 조직을 만들어서 제품화하는 전담 조직까지 '투 트랙'을 운영하는 셈이다.

밀리테크4.0의 확장

밀리테크4.0이 어떻게 민간 생활 영역으로 확장될 수 있는가를 보려면 과거 사례를 살펴볼 필요가 있다. 미국 국방성 산하 DARPA 사례를 보면, DARPA의 많은 연구 결과가 방위산업체나 민간 기업을 통해 다양한 사업으로 발전했다. 다양한 레이더 시스템과 각종 우주 탐사용 로켓, 저탐지스텔스성 항공기, UAV 등은 군사 분야에서 실용화하는 데 성공한 사례들이다. 민간 분야에서는 마우스, 인터넷, GPS, 구글 맵, DDOS 방어 시스템 등이 상업화하는 데 성공했다.

기술의 필요성과 사업적 가능성에 주목해 DARPA가 직접 기업

DARPA의 주요 군사용 및 민군 겸용 기술 연구 프로그램

프로그램	연구 개요
Saturn/Centaur*	우주 탐사용 로켓
Boeing X-37	재사용 가능한 무인 우주선
Project Vela*	핵폭발/방사능 탐지 시스템
Northrop Grumman X-47	무인 자율 비행 전투기
Passive radar*	스텔스 항공기 탐지용 수동 레이더 시스템
Sea Shadow*	스텔스 전투함
ACTUV	대잠수함 전용 무인 전투 선박
Mind's Eye	시각 정보 탐지/분석 시스템
Boomerang*	휴대형 저격수 추적용 음향 분석 시스템
Luke Arm*	DEKA의 로봇형 의수인공 팔
Atlas	2013년 7월 공개된 보스턴 다이내믹스의 휴머노이드 로봇(2013년 로보틱스 챌린지 출전)
BigDog/Legged Squad Support System	화물 운반용 사족 보행 로봇
Human Universal Load Carrier battery-powered human exoskeleton	인체 착용형 외골격 시스템
XDATA	빅데이터 분석
DARPA Grand Challenge*	자율주행 자동차Autonous, Driverless Car
DARPA Network Challenge*	실시간 통신 기반 SNS 활용 연구
DARPA Shredder Challenge*	폐기파쇄 문서 복구 시스템

*종료 과제
출처: LG경제연구원 보고서

을 설득해 사업화한 사례도 있다. GE의 디지털 엑스레이Digital X-Ray 는 미래 시장성을 내다본 DARPA의 프로그램 매니저가 사업화에 부정적이던 최고 경영진을 설득해 제품 개발을 독려한 다음 상용화 하는 데 성공했다. 이 기술은 이후 유일하게 미국 식약청FDA 승인을 획득한 디지털 유방암 검사 기기로도 발전했다.

밀리테크4.0을 적용할 수 있는 분야는 무궁무진하다. 핀테크, 자율주행 자동차, 빅데이터 분석 툴, 무인 우주선, 인공 팔, 화물 운반용 사족 보행 로봇, 실시간 통신 기반 SNS 등 분야도 다양하다. DARPA는 국가 전략 또는 산업 경쟁력 차원에서 아주 중요하지만 개발 실패의 위험성도 커서 대학, 기업 등 민간 연구 조직에서 다루기 힘든 분야에 집중하고 있다. 이 같은 과제를 DARPA만이 할 수 있는 과제, 'DARPA-hard Niche'라고 부른다. 이 DARPA의 연구 과제들은 DARPA와 DOD 등 관련 부처의 RDT&E_{Research, Development, Test, Evaluation} 과정을 거쳐 검증 구현되고 실용화하는 데 성공할 경우 양산 제품화된다.

현재 밀리테크4.0의 구성 요소, 즉 수소 연료 전지, 사이버 보안, AI 로보틱스, 메타 소재, 나노 소재, 퀀텀 컴퓨팅, 5G 네트웍스, 스마트 센서, 바이오 테크 등은 민간 분야에서도 주목하는 기술로 DARPA뿐 아니라 각국에서 앞 다퉈 기술을 개발하는 데 나서고 있어 민군 양측에서 활발히 양산 제품화될 것으로 전망된다.

"애플은 미국 정부와 군사로부터 개발되고 지원된 디자인과 공학 기술에 통달했다. 애플에 대한 미국 국가의 투자는 원래 국가 안보 문제를 다루고자 시작된 것이었다." 마리아나 마추카토의 《기업가형 국가》에 나오는 말이다.

6장에서 언급한 '밀리테크'의 집약체, 애플 아이폰 사례는 안보와 기술이 결합할 때 상업적 혹은 군사적으로 혁신적인 시너지를 창출할 수 있음을 보여준다. 애플이 만들어낸 혁신적인 성과의 특이점은 기업의 경영진과 주주만이 아이팟, 아이폰과 아이패드 같은

▶ 마리아나 마추카토 지음, 김광래 옮김,
《기업가형 국가》, 매일경제신문사, 2015

혁신적인 제품 개발의 위험을 부담한 게 아니라는 점이다. 오히려 애플 기술 개발의 성공은 1960년대에서 1970년대 미국 정부의 통찰력과 과감한 모험 덕분에 가능했다.

미국 정부는 전자제품과 통신 분야에서 급진적인 혁신의 흐름을 잘 파악하고 있었다. 기초 과학과 기술 투자 리스크의 도전 과제를 극복하고자 나선 것은 애플의 경영진이나 주주들이 아니었다. 마추카토 교수는 이를 "그 누구도 나서려 들지 않을 때 미국 정부가, 특히 미국 군대가 과감하게 리스크를 부담했고, 결국 엄청난 성공을 이끌어냈다"고 평가한다. 애플은 영리 국가가 씨를 뿌리고 가꿔서 열매를 맺게 한 기술을 영리하게 조합하고 점점 발전시켜 지속적으로 아이팟, 아이폰, 아이패드를 개발해나갔다.

미국 정부가 기술 개발에 따른 리스크에 과감히 '투자'할 수 있었던 이유는 국가의 지속적인 발전에서 가장 중요한 요소인 안보와 직결됐다는 판단에서였다. 이 같은 사례에서 안보에 대한 필요와 기술의 잠재력에 대한 안목이 접목될 때 폭발적인 시너지가 창출돼 군사·경제 혹은 안보와 성장이라는 두 마리 토끼를 잡을 수 있다는 교훈을 얻을 수 있다.

미국 정부는 군사적인 필요에 의해 장기적인 안목에서 때로는 무모해 보이는 기술에 막대한 자원을 쏟아부었고, 이에 따른 파생 효과로 애플 같은 미국의 기업들은(현재는 글로벌 기업으로 성장한) 혁신적인 제품을 출시하기 전에 엄청난 직간접적 정부 지원을 받았다. 컴퓨터와 인터넷 혁명의 배후에 감춰진 밀리테크, 즉 국가 차원의 거대한 공공 투자가 없었더라면 우리가 일하고 소통하는 방법을 바꿔놓은 획기적인 아이폰이나 아이패드는 세상에 존재하지 않거나 그 등장이 수십 년 뒤로 미뤄졌을지 모른다. 국가의 투자로 발명된 밀리테크기술에 스티브 잡스의 천재성과 도전 정신으로 설명되는 '기업가 정신'이 더해져 그야말로 '황금알을 낳는 거위'가 탄생한 것이다. 마추카토 교수는 이를 파도타기에 비유했다.

그는 《기업가형 국가》에서 "애플이 아이폰과 아이패드의 뒷받침이 되는 인터넷, GPS, 터치스크린 화면과 통신 기술 같은 획기적인 기술에 대한 거대한 국가 투자의 파도를 탈 수 있었기 때문이다. 정부가 지원한 기술이 아니었더라면, 파도 없이 우직한 파도타기를 해봐야 아무 소용이 없었을 것"이라고 강조했다.

안보와 성장

밀리테크군사기술는 전쟁에서는 승리를, 경제에서는 성장을 추구하는 원동력이다. 즉, 안보와 성장을 동시에 달성할 수 있는 핵심 요소다. 세계 10대 무기 수출국을 살펴봤을 때 군사 강국인 중국과 러시아를 예외로 하면 모두 1인당 GDP 4만 달러에 근접한 선진국이라는 사실은 결코 우연이 아니다. 세계 최대 무기 수출국인 미국을 비롯해 프랑스, 독일, 영국, 스페인, 이스라엘 모두 4만 달러에 가까운 경제 선진국이다.

다가오는 4차산업혁명은 새로운 밀리테크 즉, 밀리테크4.0을 요구하고 있다. 이제 밀리테크4.0을 확보하는 나라가 미래 전쟁에서 승리하게 될 것이며, 경제 성장을 누리면서 나아가 세계 패권까지 장악할 수 있다는 뜻이다. 〈매일경제〉 국민보고대회팀이 만난 글로벌 싱크탱크 관계자들은 "AI, 사이버 보안 등 새롭게 떠오르는 밀리테크에서 경쟁력을 확보하는 국가가 새롭게 부상할 것이며, 이에 따라 기존의 강대국 질서가 무너질 수 있다"고 의견을 모았다.

프랑스 국제관계연구소의 장 크리스토퍼 노엘Jean Christopher Noel 연구원은 "AI 등 혁신 기술은 지금의 강대국의 순위를 바꿀 수 있으며, 이 분야에 더 많이 투자를 하고, 더 빨리 개발하느냐에 따라 주도권을 가질 수 있다"고 분석했다. 같은 연구소의 코렌틴 브루스틀린Corentin Brustlein 연구원은 "한국이나 프랑스 같은 중간 국가는 특정 기술에 '선택과 집중'하고 공공과 민간의 협업 즉, 밀리테크 분야에서의 민·군 협력에 역량을 쏟는 것이 가장 효율적일 수 있다"고 조언했다.

선진국들은 국가 차원의 이니셔티브를 추진하며 안보와 성장이라는 두 마리 토끼를 쫓고 있다.

대표적으로 미국의 NNI는 안보와 성장을 동시에 추구하고, 시너지를 창출하려는 국가 차원의 대표적인 시도로 손꼽힌다. 미국의 나노 기술 개발 굴기는 약 20년 전으로 거슬러 올라간다. 2000년

1월 클린턴 행정부는 NNI를 공식 발표했다. 클린턴 대통령은 연두 교서에서 나노 기술을 바이오 기술, IT와 함께 차세대 경쟁력 확보를 위한 핵심 기술로 선언했다. 클린턴 정부는 2001 회계 연도의 나노 기술 예산을 80% 이상 증액해 총 4억 9,700만 달러를 책정하고 이 중 4억 2,200만 달러를 배정했다. 미국 역사상 처음으로 엄청난 규모의 예산을 나노 기술에 부과한 것이다.

NNI의 근본 목적은 나노 기술의 전략적 개발을 통한 21세기 미국의 세계 시장 주도권 장악이었다. NNI는 국가과학기술위원회NSTC 주관 아래 정부 부처 간 공동 연구 사업으로 추진됐다. 나노 기술 연구 개발에 참여하는 정부 기관은 NSF, DOD, 에너지부DOE, NIH, NASA 등 10개다. NNI의 착수로 미국은 여러 부처에서 독자적으로 추진하던 나노 기술 관련 사업을 범부처 차원에서 조정하고 감독하며 군사 분야는 물론 민수 분야에서 잠재력이 무궁무진한 나노 기술을 선점하고 있다.

2035년까지 '국방과 군대의 현대화 실현', '21세기 중엽 세계 일류 군대의 전면적 건설'을 목표로 내세운 패권 경쟁국 중국 역시 나노 기술에 주목하고 있다. 중국군의 군사 초강대국 도약의 핵심 수단은 '군사의 지능화'를 통해서다. 중국은 AI, 빅데이터, 바이오 기술, 나노 기술 등에 기반을 둔 무기 개발, 작전 교리 개발, 인재 양성, 부대 편제 개편 등을 군 현대화의 핵심 구성 요소로 인식하고 막대한 자원을 투입하는 한편 국가 전반을 개조하는 작업을 서두르고 있다.

프랑스는 2030년 가동을 목표로 고속 증식로 '아스트리드'의 연

2017년 국방비 지출 상위 15개국 점유율 현황

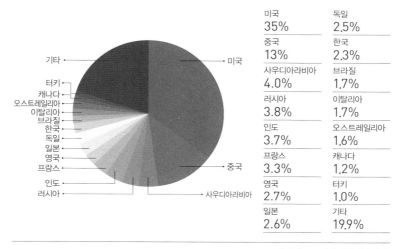

미국	35%	독일	2.5%
중국	13%	한국	2.3%
사우디아라비아	4.0%	브라질	1.7%
러시아	3.8%	이탈리아	1.7%
인도	3.7%	오스트레일리아	1.6%
프랑스	3.3%	캐나다	1.2%
영국	2.7%	터키	1.0%
일본	2.6%	기타	19.9%

출처: 《2018 세계 방산 시장 연감》

구 및 개발에 나서며 군수·민수 분야에서 두 마리 토끼를 쫓고 있다. 고속 증식로는 고속 중성자에 의한 핵분열 반응을 이용하는 원자로다. 주로 재활용이 가능한 핵연료인 플루토늄과 우라늄을 섞은 혼합 화합물MOX을 원료로 사용해 방사성 폐기물의 양을 줄일 수 있게 된다.

《2018 세계 방산 시장 연감》에 따르면, 전 세계 국방비 지출 규모는 1조 7,390억 달러로 추정되며 이는 전 세계 GDP의 2.2% 수준이다. 전 세계 국방비 지출 비중은 미국이 35%로 압도적 1위를 차지했고, 미국과 기술 패권 전쟁에 출사표를 던진 중국이 13%로 2위를 기록했다. 국방 연구 개발 투자를 살펴보면, OECD 회원국은 평균 정부 R&D 예산 중 약 23%를 국방 분야에 투자하고 있는 것으

주요 국가 2017년 GDP 및 국방 관련 예산 비교

	주요 국가 2017년 국방비 비교(왼쪽부터 국방비 지출 순)										
	미국	중국	사우디	러시아	인도	프랑스	영국	일본	독일	한국	이스라엘
국방비 (100만 달러)	609,758	228,231	69,413	66,335	63,924	57,770	47,193	45,387	44,329	39,153	16,489
GDP (100만 달러)	19,390,600	12,014,610	683,827	1,527,469	2,611,012	2,583,560	2,624,529	4,872,135	3,684,816	1,538,030	350,609
1인당 GDP (달러)	59,501	8,643	21,120	10,608	1,983	39,869	39,735	38,440	44,550	29,891	40,258
GDP 대비 국방비 비율(%)	3.1	1.9	10.2	4.3	2.4	2.2	1.8	0.9	1.2	2.5	4.7
국민 1인당 국방비	1,871	164	2,144	461	49	891	714	358	536	761	1,893
국방 R&D 예산 (100만 달러)	78,094					1,117	2,325	1,063	974	3,067	
정부 R&D 예산 대비 국방 R&D 비율(%)	51.9					6.4	15.9	3.1	2.8	14.0	

*R&D 예산은 2016년 기준
출처: 《2018 세계 방산 시장 연감》

로 나타났다. 미국은 지속적으로 50% 이상을 투자하고 있으며, 한국은 약 13.5%를 투자하고 있다.

　중국은 중국 제조 2025정책으로 4차산업혁명을 대비하는 한편, 군사비 지출을 지속적으로 늘리면서 밀리테크 혁신에 박차를 가하고 있다. 중국 정부는 2018년 국방 예산을 2017년보다 8.1%나 늘어난 1조 1,289억 위안(192조 8,000억 원)으로 책정했다. 미국과의 패권 경쟁을 염두에 두고 군사 대국으로 도약하기 위한 행보를 가속화하고 있다는 평가다. 또한 중국의 R&D에 대한 투자 상승세는 감소하는 추세이지만 여전히 미국과 유럽연합EU 대비 높은 증가율을 기록하면서 막대한 투자를 바탕으로 과학기술, 나아가 밀리테크 발전을 통해 안보와 성장 두 마리 토끼를 쫓고 있다.

실제 주요 국가들의 2017년 GDP와 국방비, R&D 예산을 비교한 결과 흥미로운 결과를 도출해볼 수 있다. GDP가 4만 달러에 넘었거나 근접한 '선진국'들이 국방비와, 정부 R&D 예산, 국방 R&D 예산 등에서 적절한 균형점을 찾으면서 밀리테크로 안보와 성장을 동시에 확보하려는 노력을 기울이고 있다는 점이다.

정부 R&D 예산 중에서 국방 R&D가 차지하는 비중이 높은 미국은 국방 과학기술의 민간 이전스핀-오프에 주안점을 두고 있다. 2016년 미국 전체 R&D 예산 1,467억 달러 중 국방 R&D는 48.7%(714억 달러)에 달했다. 아이폰의 SIRI 서비스나 구글의 자율주행차가 대표적인 예다. 앞서 언급한 나노 기술과 같이 민간의 큰 시장성과 국방의 지속적 수요가 예측되는 대규모 사업은 DOD를 포함한 다부처 민·군 기술 융합 사업으로 추진하고 있다.

프랑스의 경우 국방 분야 중장기 로드맵에 따라 기초 분야 민·군 협력을 활발히 하고 있으며 별도의 민·군 기술 협력 프로그램을 운영하고 있다. 이는 국방 R&D 예산(3,500만 유로)의 19.5%를 차지한다. 고속로 아스트리드(기초 연구), 민·군 협력 연구 체계 개발 등이 대표적인 예다. 프랑스는 세계 최상위권의 과학기술 혁신 역량을 토대로 민·군 기술 협력 네트워크를 활성화하는 데 주력하고 있다. 산학연 협력 및 정부 연구 기관 간 협력을 적극 추진하는 한편, 민과 군이 최신 과학기술 동향을 교류하고 시너지를 창출하는 생태계를 만들겠다는 구상이다.

영국은 기업 혁신의 관점에서 방위산업 기업을 지원하며 이는 간접 지원 형태를 띠고 있다. 영국의 기술혁신센터Technology Innovation Center가 대표적이다. 국방부는 민간에서 획득이 어려운 기술의 개발만 수행하고 방위산업 기업 스스로 우수 민간 기술을 발굴해 국방에 활용하라는 것이다. 영국은 국방 분야 정부 연구 기관인 DERA에서 방위산업체 키네틱QinetiQ을 분리해 민영화한 것이 이 같은 정부의 기조를 보여주는 예다.

군사 강국인 이스라엘의 경우 국방부의 전용 R&D를 제외하고 산업무역노동부가 국방과 민간이 융합된 단일 체제로 산학연 참여 사업을 추진하는 형태로 밀리테크4.0에 대비하고 있다. 방위산업체의 민간 진출, 국방 기술의 상용화로 신산업을 육성하고 방위산업체의 성장을 기반으로 방위산업의 수출 산업화를 이룬다는 전략이다. 실제 이스라엘에서 군사용 레이다 기술이 심폐 질환 모니터링 기기로 개발된 성공적인 군사→민수 이전 사례가 나오기도 했다. 이스라엘은 방위산업 생산의 80%(74억 달러)를 수출하는(2013년 기준) 대표적인 군수 강국이기도 하다.

4차산업혁명과 미래 전쟁 양상, 안보 환경의 패러다임 변화와 맞물려 있는 국방 분야에서도 새로운 변화와 혁신이 필요하다는 목소리가 군은 물론 산업계에서 대두되고 있다. 특히 기술 수명 주기 단축과 첨단 기술 융·복합화가 가속화하는 등 급변하는 과학기술 발전 추세를 고려할 때 밀리테크4.0에 대한 대비가 시급하다는 것이 현장의 목소리다. 밀리테크4.0을 준비하는 첫걸음은 새로운 분야에서 기술의 발전 속도와 가능성을 분석하고 국방과 민간 분야에 상호 접목 가능한 기술을 예측해 신개념 기술 체계를 제시하는 것이다.

현재 군의 핵심 기술 로드맵은 군에서 요구하는 무기 체계 소요와 직접적인 연계가 있는 핵심 기술을 개발하는 데 초점을 맞추고 있으므로, 4차산업혁명 관련 기술을 국방에 적용하고 개발하려면 무기 체계의 성능 및 일부 기능을 구현하는 형태로 무기 체계와 연계하는 것이 단기간에는 현실적인 방안이다. 4차산업혁명 기술을 군 활용성 측면에서 연구하고 개발해 무기 체계에 적용하는 방식이다.

하지만 4차산업혁명의 파급 효과와 사회에 끼치는 영향력을 고려하면 여기에서 미래 전장을 선도하고 패러다임 자체를 바꿀 수 있는 '신新비대칭 전력' 수준의 완전히 새로운 무기 체계와 개념이 도출될 가능성이 높다. 즉, 밀리테크4.0이 출현할 것이라는 이야기다. 군사 및 관련 기술 전문가들은 밀리테크4.0으로부터 새로운 무기 체계가 도출될 수 있다는 사실을 인지하고 있지만, 이 같은 기술 사업을 통해 무기 체계의 소요 창출까지 이어지는 사례가 극히 드물었고, 이로 인해 선도형 핵심 기술 개발보다는 긴급히 개발이 요구되는 기술이 우선시되는 경향이 존재해왔다고 지적한다. AI, 빅데이터 등 기술 전문가들이 국방의 기술 수요와 특성을 파악해 신개념 무기 체계를 제안하기에는 국방 분야의 정보 부재 및 수요 파악에 대한 한계 등의 원인으로 무리가 있다는 것이다.

그러므로 한 국가의 밀리테크4.0 기술이 실제 미래 전장을 선도하는 기술로써 무기 체계 소요를 창출하려면 핵심 기술을 선정하고 이에 따른 무기 체계 소요 창출을 적극 지원해야 한다는 주장이 힘을 얻는다.

이에 따른 구체적인 방안으로 국방기술품질원은 '4차산업혁명 대응을 위한 국방 기술 기획 분석 및 개선 방안 연구(2018)' 보고서에서 ① 미래 전장의 요구 기능을 도출하고, ② 민간의 개발이 진행 중인 4차산업혁명 분야 유망 기술 후보를 추려서 ③ 군에서 필요로 하는 기능과 능력이 연계되는 민간 4차산업_{과학기술} 전문가의 의견이 반영된 무기 체계 선도형 핵심 기술 후보군을 선정한 다음 ④ 군과 산학연 전문가 그룹에서 기술별 필요성을 검증하고 핵심 기술의 개발 목표 성능을 구체화해야 한다고 제시했다.

방위사업청과 국방기술품질원이 함께 발간한 '4차산업혁명과 연계한 미래 국방 기술' 보고서에서 미래 국방 기술_{밀리테크4.0}을 군에 신속하게 활용하려면 유망 신기술을 식별하고 무기 체계 소요와 연계 방안을 수립한 후 신속하게 해당 기술 개발에 착수해 군에 적용될 수 있도록 기술 성숙도를 증가시키는 '패스트 트랙_{Fast Track}' 같은 R&D 제도의 발전 방안을 고민해야 한다고 제언했다.

국방 기술과 민간 기술의 상호 활용을 위해서는 민·군 간 기술 협력을 통해 상호 간 혁신과 선순환 구조를 창출하는 것이 필수적이다. 이를테면 민간에서 개발된 3D 프린팅 기술을 통해 조달에 애로를 겪거나 단종 위기에 놓인 무기 체계 부품을 개발한다거나, 군사용으로 개발된 어뢰용 초음파 센서 기술을 활용해 반도체 결함 탐지용 장비를 개발하는 등 무궁무진한 레퍼토리가 적용 가능하다.

몇 가지 예를 드는 것만으로도 충분한 설명이 가능할 것이라고 본다. 국내에서 개발된 곤충형 로봇이 있다. 물론 다양한 동물의 생체를 분석해 로봇에 응용한 사례가 다수 있지만 곤충이 날아다닌다는 점과 크기가 작아서 눈에 잘 띄지 않는다는 점에서 주목받고 있다. 파리 또는 풍뎅이를 닮은 로봇이 AI를 장착해 자율비행 기능을 가졌다면 레이더나 정밀 카메라 등을 부착해 정찰, 탐지 같은 군사적 용도로 활용할 수 있다. 상대의 레이더에 포착되지 않는 스텔스 기능은 상당히 고급 기술이기는 하지만 곤충과 흡사한 모양을 가졌다면 그 크기와 위장 능력으로 인해 상대의 탐지를 충분히 벗어날 수 있다. 곤충형 로봇은 크기가 작아 군인들이 휴대할 수 있다는 점에서 그 활용 범위는 더욱 커진다.

곤충형 로봇에 만약 사이버 공격 기능을 장착한다면 핵무기를 보유한 북한에 대해 비대칭 전력으로 사용할 수 있다. 자율 비행과 위장 능력을 이용해 북한에 침투한 후 사이버 공격으로 핵무기 또는 핵을 운반하는 미사일을 무력화하는 것이다. 이 같은 비대칭 무기는 단순히 상상 속에만 존재하는 것이 아니라 가까운 미래에 얼마든지 등장할 수 있다. 이미 러시아가 우크라이나를 공격하기 직전에 사이버 공격을 통해 각종 인프라를 마비시킨 전례가 있다. 사이버 공격 기능을 탑재한 곤충형 로봇이 특정 장소에 침투해, 특정 무기를 무력화하는 것은 어쩌면 더 현실적일 수 있다.

이런 곤충형 로봇에 사이버 공격 능력 대신 통신 기능을 탑재한다면 실시간 헬스케어 시스템으로 변신할 수 있다. 건강이 위태로운 특정인의 주변을 맴돌면서 실시간으로 건강을 체크해 그 정보를 병원 또는 가족 친지들에게 알려줄 수 있다. 갑작스런 신체 이상이 발생하거나 즉각적인 대처 타이밍을 놓쳐서 생명을 잃는 경우가 허다한데 헬스케어 곤충형 로봇이 있다면 그러한 사례를 많이 줄일 수 있다. 또 어린아이나 치매 노인의 위치를 추적하거나, 치안 목적으로 용의자를 추적하는 데도 활용할 수 있을 것이다. 지진, 해일 등 자연재해 현장에 투입돼 현장 상황을 파악하는 등 재난 구호 목적으로도 이용할 수 있다.

군집 자율주행 기능도 한창 연구가 진행 중인 분야다. 한 사람이 한 대의 드론을 조종하는 것은 충분히 가능한 일이지만, 한 사람이 수십, 수백 대의 드론을 조종하는 것은 불가능하다. 특정 장소에서 특정 장소로 이동하라는 명령을 내리면 드론이 스스로 옮겨가는 것이 자율주행이고, 여러 대의 드론이 서로 충돌하지 않고, 대형을 변경해가면서 효율적으로 이동하는 것이 군집 자율주행이다. 예를 들어 철새 무리가 다양한 대형으로 전환하면서 이동하는 것과 같은 원리다. 수십 대의 드론이 이동하던 중 좁은 협곡을 만나면 일렬로 늘어섰다가 넓은 공간을 만나면 다시 수평으로 펼치는 모습을 상상할 수 있다. 만약 군사용 드론이라면 다양한 대형을 통해 다양한 작전을 펼칠 수 있을 것이다.

뿐만 아니라 군집 자율주행 기능을 일상생활에 응용한다면 수십 대의 트럭이 교통 상황에 따라 다양한 길로 흩어졌다가 다시 모이는 방식으로 일종의 물류 혁신을 가져올 수 있다. 사람의 이동을 책임지는 교통수단에 적용하면 교통 혁신이 있을 것이고 궁극적으로는 도로와 신호가 필요 없는 스마트시티를 구성하는 중요한 요소가 될 것이다.

양자 컴퓨팅과 5G 기술을 활용해 병사들 간에 또는 군용 드론 간에 실시간으로 빠른 속도로 정보를 주고받는 것이 현실에 적용된다면 획기적인 핀테크 혁신도 가능하다. 예금과 대출, 구매와 결제, 투자와 상환 등의 정보가 실시간으로 빠른 속도로 공유되면서 사람 또는 기업의 다양한 금융 활동이 한순간에 발생하고 정리되는 세상이 될 것이다. 원하는 물건이 있으면 결제하는 과정 없이 그냥 들고 나오면 되고, 자기도 모르는 사이에 자신에게 들어올 급여에서 구매액만큼 차감될 것이며, 소득이 생기는 순간 필요한 상환이 이뤄지고, 남은 금액은 최적의 포트폴리오를 구성해 자동으로 투자되는 시대가 올 것이다.

3부

첨단 기술 강국

08

밀리테크4.0
확보 전략

앞선 논의를 바탕으로 하면 미래 전장은 첨단 과학기술의 경연장이
될 것이라는 예측이 가능하다. 군사기술과 첨단 과학기술을 구분하
는 것은 이제 불가능하다. 첨단 기술은 이중적 성격을 띠고 있다. 안
면 인식, 가상현실, AI, 로봇, 자율주행차 등과 이런 기술의 필수 부
품인 반도체는 상업적으로는 물론 군사적 목적으로도 활용될 수
있기 때문이다. 따라서 군사기술에서 우위를 확보하려면 전장의 변
화와 요구에 적보다 먼저 대응할 수 있도록 첨단 기술과 능력을 신
속하게 획득하고 제공하는 체계를 만들어야 한다. 국방부, 방위사업
청, 연구소, 방위산업체 등이 함께 참여해 전략적 기습을 달성할 수
있는 기술과 능력을 만들어내야 한다.

보다 구체적으로는 밀리테크4.0 분야에서 수소 에너지와 사이버

보안은 국방부 주도로 국가 과학기술 발전과 연계된 군사과학기술 발전 계획을 수립해야 한다. AI, 퀀텀 컴퓨팅 등 이미 선진국과 상당한 격차가 벌어진 밀리테크4.0 분야는 한미 양국의 공동 R&D 기회를 확대할 필요가 있다. 정부는 기존의 인식과 사고를 개선함으로써 최소한의 자원으로 전반적인 개혁을 추진해야 한다. 민과 군의 벽이 허물어져야 하며, 민간 전문가 및 기술이 국방 영역에 더 용이하게 진입할 수 있도록 제도와 절차 개선도 중요하다. 사령부 조직을 슬림화하고 결재 단계도 대폭 축소해야 한다. 정책 부서에는 기술, 정책, 대외 전문가를 장기 보직시킴으로써 전쟁에서 이길 수 있는 정책과 전략이 만들어지도록 해야 할 것이다.

정부 주도 R&D

현재 수소와 관련해 미래 국방 기술로 주목받는 것은 연료 전지용 액체 수소를 생산하고 저장하는 기술이다. 현재 사용하는 기체 수소는 부피가 너무 커서 UAV의 체공 시간이 2~3시간 정도로 제한된다. 따라서 항공기의 체공 시간을 늘려 더 광범위한 정찰 지역을 커버하려면 다른 대체 연료가 필요하다. 그런데 액체 수소는 기체 수소에 비해 밀도가 3배 이상 높다. 따라서 기체 수소보다 저장 용량과 안정성이 크게 향상된 액체 수소를 UAV에 탑재해 활용하면 8시간 이상 장기 체공을 하면서 보다 넓은 지역에서 원하는 임무를 수행할 수 있다. 이를 위해 수소를 영하 253℃ 이하로 냉각해 액화 저장하는 기술이 필요하다. 실제 미국 해군연구소NRL의 이온 타이거Ion Tiger는 액화 수소 저장 방식을 사용해 48시간 비행에 성공한 바 있다. 이처럼 선진국 산업체를 중심으로 원거리 에너지 공급을 위한 대용량 수소 플랜트 개발이 진행 중이다.

그런데 이러한 수소 플랜트 개발을 하려면 대규모 인프라 조성이 필요하다. 개별 기업의 자발적 의사에 따른 투자를 기대하기 어렵다는 얘기다. 예컨대 현재 수소차를 확산하는 데 가장 큰 걸림돌은 바로 충전 인프라의 부족이 꼽힌다. 2017년 말 기준 전 세계 전기차 충전기는 43만 곳인 데 반해, 수소 충전소는 300여 곳에 그치고 있다. 국내 수소 충전소의 경우 서울, 울산, 광주 등 15곳(시험용 4곳 포함)에 불과하다.

사정이 이렇다 보니 중국은 정부 주도 아래 '수소 굴기'를 선언했다. 2018년 2월 '중국 수소 에너지 및 연료 전지 산업 혁신 연합'을 출범하고 수소차를 신성장 동력으로 발전시키고 있다. 중국은 2030년 수소차 100만 대, 충전소 1,000개 이상을 보급한다는 목표를 세우고 이를 위해 2020년까지 수소차 구매 보조금을 유지하기로 했다. 일본은 도쿄올림픽이 열리는 2020년까지 수소 버스 100대를 운영하고 후쿠시마에 수소 에너지 연구 단지를 세워 활용하기로 했다.

한국에서는 뒤늦게 정부 주도의 수소 인프라를 확대하고 있다. 2018년 말 정부는 국내 수소 충전소를 2019년에는 86곳으로 확대하고 2022년에는 310곳으로 크게 늘리겠다는 수소 충전소 구축 로드맵을 발표했다. 산업부가 2019년 초 내놓은 '제조업 활력 제고

대책'을 보면 2022년까지 수소차 6만 5,000대를 보급하고 충전소 300여 곳을 짓는다. 2040년에는 수소차를 누적 기준 620만 대 생산 및 판매하고 현재 14개뿐인 충전소를 1,200개로 확대하기로 했다.

사이버 보안 역시 군사 보안이 목적이므로 단순히 민간 기업에 맡길 수 없는 분야다. 국가 간 사이버전은 먼 미래의 전쟁 양상이 아니다. 특정 국가를 대상으로 하는 사이버 테러도 확산되면서 국가 공공 전산망은 물론 국방 분야 전산망, 지휘 통제망 등의 사이버 보안 관련 투자에 대한 촉진의 필요성도 줄곧 제기돼왔다.

특히 4차산업혁명 시대에 사이버 공격에 대항하는 사이버 보안은 밀리테크4.0의 한 축을 담당하는 주요 기술이라 할 수 있다. 첨단 기술의 접목으로 지능화된 무기 체계는 감시와 탐색 기능 등을 갖추는 방향으로 발전 중이다. 이를 뒷받침하기 위한 유무선 통신망의 확충과 엄청난 규모의 데이터 처리 능력 등도 보다 신뢰도가 높고, 강력해진 사이버 보안 체계를 요구하게 된다.

시장 조사 기관 SDIStrategic Defense Intelligence에 따르면, 글로벌 사이버 보안 시장 규모는 2016년 기준 119억 달러로 추정되고, 향후 10년(2016~2026) 동안 4% 이상의 높은 성장률을 기록할 것으로 전망된다. 한국은 1990년대 말 이후 세계 최고 수준의 IT 기반을 바탕으로 시장 규모가 꾸준히 커져왔고, 정부 역시 사이버 보안의 중요성을 강조하면서 R&D 등의 정책적 지원을 해왔다. 그럼에도 해외 수출은 전체 매출의 4%에도 못 미치는 등 내수 위주 사업의 한계를 벗어나지 못하고 있다. 더구나 국방 분야의 기장 규모는 극히 미약해 R&D 투자 등 정부 지원도 상당히 미흡하다. 그렇기에 1980년대 중반부터 지휘자동화대학을 중심으로 인력 양성 및 R&D 등으로 사이버전 역량을 축적해온 북한의 사이버 공격에 제대로 대응하기 어려웠다는 것이 전문가들의 평가다.

'초연결'로 정의되는 현재에 많은 국가 산업이 사이버상에서 융성하고 있다. 사이버 보안은 직접적으로는 산업을 보호하고, 궁극적으로는 국가 기반 시설의 유지 및 비상사태에 대한 기민한 대응을 가능케 한다. 이렇기에 기업에 대한 지원책만으로 만족해야 하는 분야가 아니다.

한국군은 북한 등의 사이버 위협 고조에 대응해 2010년 사이버사령부(총 350명 규모)를 국방정보본부 예하에 신설한 데 이어 2014년 국방부 직할 부대로 격상했고, 규모도 확대를 추진했다. 또 사이버전 수행을 위한 준비로 합동참모본부에 사이버작전과를 신설했으며 2018년에는 국방부 정보화기획관 산하 사이버정책과와 별도로 사이버대응기술팀을 추가했다. 국방 분야 사이버 기술 개발을 전담하기 위해 ADD 산하에 국방사이버기술연구센터를 설립해 기술과 역량을 개발하는 데 집중토록 했다.

이와 함께 2015년 8월 국방전력발전업무훈령의 무기 체계 세부 분류에 사이버 무기 체계를 포함했다. 아울러 우수 인력을 조기 양성하기 위해 고려대학교에 사이버국방학과가 신설된 데 이어 이스라엘의 '탈피오트' 제도를 참고해 군에 '과학기술사관' 제도를 도입하고 사이버 전문 병과 신설과 함께 병역 특기 사항에 포함시킬 수 있도록 함으로써 전문 인력 확보 및 조직의 전문성 강화를 모색해 왔다.

국방 분야 사이버 보안 예산은 국방부 국방 정보화 예산 항목에 편성되어 있다. 국방 정보화 예산은 2017년 기준 4,717억 원이다. 이 가운데 사이버 보안 분야로 분류될 수 있는 예산은 379억 원으로 2016년 419억 원에 비해 40억 원 감소했다. 국내 정보 보안 시장(2016년 약 2조 4,000억 원)에서 차지하는 국방 분야 비중은 상당히 낮은 수준으로 추정된다.

국방부가 주관하는 사이버 분야 R&D는 논문 용역과 국방 정보화 프로그램의 기술 체계 개발 용역 형태로 진행되고 있다. 기술 체계 개발 용역 과제는 사이버사령부 주관 아래 2000년대 말 사이버 무기 체계 개념화 과제를 중심으로 시작돼 2010년대 들어 실제 기술 개발 과제들이 수행됐다. 2018년에 들어서는 연 3~4개 과제가 ADD의 국방사이버기술연구센터를 중심으로 진행되고 있다.

사이버 지휘 통제 기술 분야에서는 빅데이터 기반 사이버 진행 상황 분석 기술 과제가 수행됐고, 공통 기반 기술 분야에서도 국방 분야에 소요되는 초소형 암호 칩 기술 개발 과제 등이 진행됐다. 사이버 능동 방어 기술 분야에서는 상대적으로 많은 과제가 수행됐는데 사이버 침입 탐지, 실시간으로 바이러스 침입을 탐지하고 대응하는 기술 개발이 진행된 바 있다.

그러나 국방 사이버 보안 분야 기술 개발 용역의 예산 규모는 연 50억 원 미만 수준으로 이를 순수한 사이버전 수행을 위한 국방 분야 기술 개발 예산 규모로 볼 수 있으며 국가 사이버 보안 R&D 예산의 5% 수준(2017년 기준)에 불과하다.

이 같은 상황에서 국방 분야를 포함한 국내 사이버 보안 분야 경쟁력을 세계 최고 수준의 인터넷망 등 ICT 기반에 대비해보면 아직은 미흡한 수준으로 미국 등 선진국과의 수준 격차(80% 수준)가 좁혀지지 않고 있다. 4차산업혁명과 관련 AI, IoT, 자율주행 수단 등의 확산에 따른 보안 위협 등 사이버 위협 요인이 복합하고 지능화되고 있는 상황을 감안할 때 기술 경쟁력 제고가 절실하다. 산업연구원이 제시한 한국 국방 사이버 보안 분야의 문제점과 역량 제고를 위한 과제는 5가지다.

첫째, 국방 예산 가운데 사이버 보안 관련 예산이 매우 미미하다. 2017년 국방 예산 40조 3,347억 원 중 '사이버 위협 대비 정보 보호 강화' 항목으로 잡힌 예산이 379억 원으로 국방 예산 대비 0.094%에 불과하다. 미국의 경우, 2019년 전체 국방 예산안(6,860억 달러) 가운데 사이버 보안 예산(85억 달러)의 비중이 1.24%로 미국 행정부 사이버 보안 예산의 절반 이상을 차지한다.

국방 예산 가운데 사이버 보안 예산을 국방 정보화 예산에서 분리해 독립 예산 항목으로 편성하고 전체 국방 예산에서 차지하는 비중을 1%까지 단계적으로 증액할 필요가 있다. 사이버 보안 시장은 특성상 정부가 최대 투자자이자 소비자 기능을 하는 방위산업과 유사하다. 국방 분야 사이버 보안 예산을 늘려서 기술 개발 투자를 확대함으로써 방위산업체와 국방 벤처 등 신규 업체의 참여를 유인해야 한다.

둘째, 2010년 사이버사령부 창설 이후 아직까지 합동참모본부에서 결정하는 중장기 전력 소요에 사이버 분야가 반영되지 못하고 있다. 이로 인해 사이버전 관련 중장기 기술 또는 체계 개발 과제 수행이 불가능하고 사업 규모도 작을 수밖에 없다.

사이버전 R&D 과제를 합동참모본부의 중장기 전력 소요에 반영시켜야 한다. 이를 통해 국방비 가운데 국방 정보화 예산이 아닌 방위력 개선비를 활용함으로써 예산을 증대하는 효과와 함께 중장기 무기 체계 개발 프로세스에 포함돼 전략적 육성이 가능해지기 때문이다.

셋째, 관련 조직과 인력 기반이 취약하다. 국방부의 사이버 담당 부서_{사이버정책과, 사이버대응기술팀}는 정보화기획관 산하에 있으며 합동참모본부의 사이버작전과 또한 정책과 작전 부서가 아닌 지원 부서에 소속돼 있다. 합동참모본부 내 사이버 무기 체계 소요를 담당하는 별도의 인력이 편성되지 않고 있으며, 사이버사령부의 인원 확충도 제대로 진전되지 못하고 있다.

국방부와 합동참모본부의 사이버 보안 담당 인력을 확대하고 조직을 근본적으로 개편할 필요가 있다. 특히 사이버 분야의 무기 체계 포함에 따라 합동참모본부에서 사이버 무기 체계의 중장기 소요 담당 인력을 별도로 충원해야 할 것이다. 국방 사이버 보안 목표를 단순히 해커의 침입을 차단하는 수준에서 벗어나 사이버전 수행 개념으로 완전히 전환하고 현 지원 부서 예하의 조직을 정책 및 작전 수행 담당 부서로 이관하는 한편, 사이버사령부의 권한과 책임을 분명히 해야 한다.

넷째, 수준 높은 민간·공공 분야 사이버 관련 기술이 국방 분야에 효과적으로 접목되지 못하고 있다. 주된 이유는 국방부와 합동참모본부 등이 보안 문제를 우려해 군의 기술 소요 발굴 및 공유에 소극적이기 때문이다. 최근 수년간 수행된 사이버 보안 분야 국가 R&D 과제 중 국방 분야 과제는 1~2개에 불과하다. 더구나 6년(2012~2017) 동안 수행된 민군 기술 협력 사업 과제(110개) 중 국방 사이버 보안 분야 과제가 전무하다. 이로 볼 때 민간 분야의 첨단 사이버 보안 기술에 대한 테스트베드 기능이나 민간 기술의 국방 분야 스핀-온의 활성화는 사실상 요원하다.

사이버전 분야 전문 인력 확보를 위해 '과학기술사관제'를 확대하고 현역 입영자는 물론 공익 요원 가운데 사이버 우수 인력을 선발해 활용하는 방안도 검토해야 한다. 이와 함께 ADD의 국방사이버 기술연구센터를 국정원의 국가보안기술연구소NSRI 수준으로 확충해 독립시키는 방안도 고려할 필요가 있다.

다섯째, 근본적으로 국방부, 합동참모본부 및 각 군의 사이버 보안 또는 사이버전에 대한 인식 수준이 글로벌 사이버 안보 환경 변화를 따라가지 못하고 있다. 현대 무기 체계에는 정밀성 제고와 자동화를 위해 ICT 기술 채용이 필수적이며 지휘 통신 등 정보 통신망과의 연계 강화 등에 따라 사이버 공격의 주요 표적이 되고 있다. 더구나 미래 전쟁 양상이 네크워크전으로 대표된다는 점을 고려하면 첨단 무기의 무력화 또는 오작동으로 인한 국가 안보적 피해는 상상을 초월할 것으로 보인다.

그러므로 통합 방위법상에 사이버 공간을 포함시킬 필요가 있다. 동 법 15조(통합 방위 작전)에는 관할 구역을 "지상·해상·공중 관할 구역"으로 명시해놓았는데, 이 조항에 사이버 관할 구역을 포함시키고 경계 태세 및 통합 방위 사태 유형에도 구체적으로 적시할 필요가 있다. 이를 통해 군의 사이버전 수행을 위한 법적·제도적 기반을 강화하고 군은 물론 정부의 인식 수준을 일신해 국가 사이버 안보 태세를 확고히 하는 전환점으로 활용해야 한다.

기술 동맹으로 격차 축소

4차산업혁명 시대 핵심 기술로 평가되는 AI는 학습, 추론, 지각, 이해 등 인간 수준의 지능을 갖는 컴퓨터의 구현을 목표로 인간성이나 지성을 갖춘 존재, 시스템에 의해 만들어진 지능 등을 연구하는 기술 분야다. 중요한 것은 AI를 적용한 첨단 무기 개발 시장이 앞으로 확대될 전망이라는 점이다. 영국 주간지 〈이코노미스트〉는 미래의 전쟁이 AI와 딥러닝에 의해 과거와는 다른 양상으로 전개될 것으로 예상했다.

간단한 AI 기술은 이미 유도 무기나, 미사일 방어 체계 등에 사용되고 있다. 앞으로도 UAV나 UUV 등이 인간보다 더 정확하게 정찰, 공격 임무 등을 수행하게 될 전망이다. F-35 전투기를 만드는 데 1억 달러 이상이 들어가지만, 1달러도 들지 않는 작은 드론으로도 동일한 임무를 수행할 수 있을 것으로 전문가들은 예상하고 있다. 보스턴컨설팅은 군사용 로봇 시장이 2015년 69억 달러에서 2025년 150억 달러로 연평균 8% 성장할 것으로 전망하고 있다. 군사용 드론 시장도 2016년 대비 2020년 70억 달러가량 시장이 확대될 것으로 예상된다. 군사용 AI 개발 경쟁은 궁극적으로 경제와 군

AI 기술 적용

미래 국방 기술	기술 개요
지능형 군 작전 추론 기술	적군의 상황과 의도를 AI로 인지해 적 작전을 추론하고, 다양한 방책 생성 및 평가, 최상의 방책 자동 추천 등 동적인 전장 환경에서의 AI 작전 참모를 개발하는 기술
영상 정보 기반 지능형 객체 탐지 및 인식 기술	카메라 등을 통해 입수된 광범위한 영상을 AI를 통해 종합하고, 사용자가 지정한 객체를 자동 식별해 형상, 위치, 높이, 이동 속도 등을 산출하는 기술
군 작전 시 장병과 무인 로봇 간 지능형 협업 기술	무인 체계가 전장의 상황을 자율적으로 인식해 유인 체계에 정보를 제공하고 유인 체계의 음성에 의한 임무 부여를 인식해 무인 체계의 자율 판단 및 임무 할당으로 협업 임무 수행이 가능하도록 하는 기술
보강 학습 기반의 위협 우선 순위 평가 및 무기 할당 기술	작전 운용 시 적 표적에 대해 수집한 상황 인지 정보에 대해 이미 확보한 데이터 및 추론 결과를 합성해 실시간으로 표적 및 타격 목표를 선정하고 타격 체계를 지정하는 기술

출처: 박지훈, "4차산업혁명과 연계한 미래 국방 기술", 국방기술품질원, 2017, p.2

사 분야에서 세력 균형의 축을 바꿀 것이다. AI를 활용한 미래 국방 기술로는 위의 표처럼 크게 4가지를 제시할 수 있다.

그런데 AI 연구 분야에서는 이미 미국과 중국이 독주하고 있다. 시장 조사 업체 IDC에 따르면, 전 세계 AI 시장은 매년 56% 성장 하는 가운데 2022년까지 1,000억 달러(약 112조 원) 이상의 수익 규 모를 형성할 것으로 전망된다.

황의종 KAIST 교수는 국가 간 AI 경쟁력에 관한 지표로 특허에 주목, 전체 7,319건의 AI 특허 가운데 한국은 약 3% 비중을 차지한 다고 밝혔다. 미국은 47%, 중국은 19%, 일본은 15%의 비중을 차 지하는 것과 비교하면 미미한 수치다. 이 특허의 대부분은 IBM, 구 글의 모회사 알파벳, 마이크로소프트, 바이두, 알리바바 등 거대 IT 기업을 중심으로 나온다. 황의종 교수는 한국의 AI 기술 수준이 미

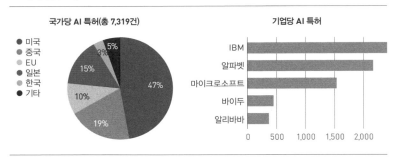

AI 특허 건수 비교

국가당 AI 특허(총 7,319건)

- 미국
- 중국
- EU
- 일본
- 한국
- 기타

5%
3%
15%
10%
19%
47%

기업당 AI 특허

IBM
알파벳
마이크로소프트
바이두
알리바바

0   500   1,000   1,500   2,000

출처: KAIST 리서치 플래닝 센터

국보다 2년, 일본과 비교해 1.1년가량 늦는다고 진단했다.

학계에서는 AI 연구에 필요한 데이터 인프라 확보가 쉽지 않다고 지적한다. 부족한 데이터를 확보하려면 업계와 협업이 중요하지만 이마저도 어렵다고 토로한다. 개방된 오픈 소스 소프트웨어나 공공 데이터를 활용하고 있지만 대부분 해외 데이터이기 때문에 한국에 맞춤화된 데이터가 필요하다는 얘기다. 그러므로 이미 미국과 중국이 크게 앞서는 AI 분야에서는 기술 동맹과 빅데이터 공동 활용 등 협업 네트워크를 구축해 부족한 데이터 인프라를 확보하는 게 시급하다.

우리나라 육군은 산학연의 AI 기술을 군사적으로 활용하고자 육군사관학교와 KAIST에 AI협업센터를 각각 개설하고 ADD, 국방기술품질원, 한국과학기술연구원KIST, 한국전자통신연구원ETRI 등 국내 연구 기관·대학, IT 및 방위산업체, 외국 군 연구소와 AI 협업 커뮤니티를 구축해 다양한 교류 활동을 추진할 계획이다.

슈퍼컴퓨터 성능의 1억 배 이상에 달하는 초고성능 컴퓨터인 퀀텀 컴퓨터 분야에서도 한국은 세계적 선두 주자에 뒤처져 있다는 평가다. 양자 컴퓨터는 AI 분야 기술 응용과 교통 정체 문제 해소부터 신약 개발까지 전 분야에 발전을 이끌 차세대 컴퓨터로 주목받고 있다. 기존 컴퓨터가 0 또는 1의 비트Bit로 구성된 2분법으로 연산하는 것과 달리 양자 컴퓨터는 0과 1을 동시에 지니는 큐비트Qbit로 연산을 병렬 처리함으로써 빠른 속도를 구현한다. 양자 컴퓨터가 상용화되면 현존하는 슈퍼컴퓨터를 압도할 것으로 점쳐지는 이유다. 또 양자 암호 체계는 제3자가 관찰을 시도하게 되는 경우 원래의 정보가 변하기에 매우 안전한 암호 기술이 될 수 있어 사이버 보안과도 밀접한 연관이 있다.

양자 컴퓨터 기술 개발에서 가장 앞서고 있는 기업은 IBM, 인텔, 구글, 마이크로소프트 등이다. IBM은 2016년 양자 프로세서에서 프로그래밍과 다양한 테스트를 진행할 수 있는 '퀀텀 익스피리언스'를 공개했고, 2017년 5월에는 클라우드, 상업용 프로토타입 17큐비트 양자 컴퓨터 프로세서를 공개했다. 인텔은 2017년 10월 양자 컴퓨팅을 위한 17큐비트 칩을 공개했다. 연이어 인텔은 2018년 1월 9일 개최된 'CES 2018'에서 처리 용량이 3배에 가까운 49큐비트 칩코드명: 탱글 레이크을 공개했다. 마이크로소프트도 양자 컴퓨터에 최적화된 새로운 프로그래밍 언어를 개발하는 데 박차를 가하고 있다고 연례 컨퍼런스인 '이그나이트 2017'에서 밝혔다. 이 프로그래밍 언어는 비주얼 스튜디오Visual Studio와 연동을 통해 개발자들이 디버깅이나 기타 지원을 온프레미스나 클라우드 환경에서 구동할 수 있는 최첨단 시뮬레이터를 제공한다.

후발 주자인 한국도 뒤늦게 양자 컴퓨터를 개발하는 데 한창이다. 업계에서는 양자 컴퓨터 산업 후발 주자인 우리나라가 선진국을 따라잡고 1등 국가로 발돋움하려면 IBM 등 선발 주자들과의 적극적인 기술 협력을 추진해야 한다고 강조한다. 실제 삼성전자는 2017년부터 IBM의 양자 컴퓨터 공동 연구에 참여하고 있으며, 2017년 9월부터 해외 대학 연구진에 연 최고 10만 달러(약 1억 1,000만 원)를 지원하며 양자 컴퓨터 공동 연구를 진행하고 있다.

민간에서 군으로

정부 주도는 아니지만 민간 기업이 팔을 걷고 나서서 4차산업혁명 분야의 첨단 기술을 안착시키는 분야도 한국에는 분명히 있다. 이렇게 '한 발 앞서 진입'한 분야에 더욱 힘을 실어서 밀리테크4.0에 일찍 접목하는 방식도 한국이 노려봐야 할 사례로 꼽힌다. 5G가 대표적이다. 2018년 12월 한국은 세계 최초로 5G 상용화를 시작했다. 통신 업계는 5G의 상용화가 2020년 이후라고 내다봤지만, 상용화 서비스를 시작한 한국에 이어 미국, 중국, 일본 등 기술 강국들이 예정보다 일찍 상용화에 뛰어들고자 하는 모습을 보였다. 그만큼 기술의 파급력이 적지 않다는 평가를 내렸다고 볼 수 있다.

중국은 상용화 목표 시기를 당초 2020년에서 한 해 앞당겼다. 중국 3위 통신 업체 차이나유니콤은 2019년 베이징·톈진·칭다오 등 16개 도시에서, 중국 1~2위 차이나모바일과 차이나텔레콤은 각각

광저우·쑤저우 등 중국 내 5~6개 도시에서 5G 시범 서비스를 시작했다. 차이나유니콤은 시범 서비스를 위해 2018년에 베이징에만 5G 기지국 300개를 구축했다. 2019년 1월 중국 공업정보화부 먀오웨이 부장_{장관}은 관영 CCTV와의 인터뷰에서 "올해 5G 상용화가 확산될 것이며 (중국 정부가) 일부 지역에서 5G 임시 허가증을 발급할 것"이라며 "하반기에는 5G 스마트폰과 5G 태블릿 PC 등 제품이 상용화할 것"이라고 했다.

미국도 상용화에 잰걸음이다. 미국 2위 통신 업체 AT&T는 2019년 댈러스와 애틀랜타 등 19개 도시에서 5G 서비스를 제공하려고 2018년 하반기부터 해당 지역에 망 구축 공사를 진행했다. 미국 1위 버라이즌은 2018년 집과 사무실에서만 제한적으로 쓸 수 있는 고정형 5G 서비스를 내놓은 데 이어 2019년에 삼성전자의 5G 스마트폰이 출시되면 곧바로 자사 가입자들이 모바일 5G를 즐길 수 있도록 했다. 일본은 2019년 9월 자국에서 열리는 럭비월드컵을 계기로 5G를 상용화한다는 입장이다. 당초 일본 통신 업계는 2020년 7월 도쿄하계올림픽에 맞춰 5G 서비스를 상용화할 계획이었으나 10개월가량 앞당긴 것이다.

이는 전 세계적인 현상이다. 실제로 세계이동통신공급자협회_{GSA}에 따르면, 전 세계에서 5G를 준비하는 통신 업체는 2018년 1월 113개사(총 50국)에서 11월에는 192개사(총 81국)로 약 70% 증가했다. 본격적으로 5G의 주도권 싸움이 열리는 셈이다. '한 발 먼저 앞선' 한국은 더욱 박차를 가해야 하는 시점을 맞이한 셈이다. 이유는 5G가 4차산업혁명에 필수 요소로 손꼽히는 데 있다. CES 2017에서 5G 모뎀을 세계 최초로 발표한 인텔이 "기가비트급 속도를 바탕으로 자율주행 차량과 IoT, 무선 광대역 등 다양한 분야에서 혁신이 일어날 것"이라고 예고한 것이 속속 사실로 드러났기 때문이다.

국제전기통신연합ITU은 5G의 대표 성능 8가지로 체감 전송률, 최대 전송률, 이동성, 전송 지연, 최대 연결 수, 에너지 효율, 주파수 효율, 면적당 용량 등을 꼽았다. 이 가운데 빨라진 속도와 즉각 응답성은 민간 분야뿐 아니라 국가 안보에도 큰 효용을 줄 수 있는 것으로 평가된다. 2가지 특성으로 인해 원거리에 있는 장비나 기계들을 원격 조정하거나 즉시 기동할 수 있어서다. 민간 분야에 다른 첨단 기술과의 융합에도 5G는 중요한 역할을 할 수 있는데, 이유는 다음과 같다.

첫째, 모든 사물이 네트워크로 통하는 IoT 시대에 수많은 기기가 연결될 수 있는 초실시간, 초대용량 네트워크를 가능케 해준다. 2023년 IoT 연결 건수는 35억 건에 달할 전망인데, IoT가 비교적 널리 보급된 미국과 중국에서 5G 활용성이 더욱 클 수밖에 없다. 북미에서는 물류와 차량 관리에, 중국에서는 스마트시티와 스마트 농업화에 IoT가 활용되고 있다. 상대적으로 IoT가 깊숙이 침투하지 못한 한국에서는 5G의 선제적인 도입을 통해 이 둘이 융합된 형태의 기기들을 도입해 바로 활용하는 방식이 필요해 보인다.

둘째, 자율주행차의 상용화도 앞당길 수 있다. 5G 시대 자율주행차는 주변의 차와 실시간으로 통신을 하며 주행하기 때문이다. 5G의 통신 속도가 중요한 이유는 지연 시간이다. 자율주행차가 시속 100km로 달릴 때를 가정할 경우 1초에 움직이는 거리가 27m인데,

지연 시간이 0.03~0.05초인 현재의 4G LTE라면 장애물을 인식하고 제동에 나서는 데까지 0.81~1.35m를 더 가서야 멈출 수 있다. 그러나 5G 아래에서는 지연 시간이 0.001초에 불과해 사고를 인식한 찰나에서 불과 2.7cm만 더 나가서 선다. 비로소 실생활에 적용 가능한 자율주행차의 시대가 열리는 셈이다. 5G 상용화를 일찍 시작했고 광대역 통신망 체계가 잘 자리 잡은 한국은 자율주행차를 보급하는 데 최적의 장소가 될 수 있지만, 사고 발생 시 주체가 누구인지와 운전기사 직업의 소멸 문제 등으로 법률 도입에 소극적인 게 발목을 잡는다. 이는 해결해야 할 숙제다.

셋째, 4G 때까지의 제조업은 많은 통신 장비가 유선 기반으로 구축됐지만, 5G 시대에는 스마트 팩토리가 제대로 구현될 수 있는 모델로 꼽힌다. 5G가 구현하는 초고속, 초연결, 초지연 네트워크를 이용하는 단계에 접어들기 때문이다. 미국과 독일은 이미 부분적으로 이런 모델을 구축해놓고, 5G 시대에 완성하겠다는 구상을 세워놓은 상태다. 한국은 하드웨어나 소프트웨어 컨트롤 수준이 앞서 말한 기술 강국과 비교하면 많이 부족하고, 아직까지 인간을 중심으로 한 제조업이 중심인 상태다. 그러나 경쟁자인 중국이 부상하는 와중에 최저 임금 인상, 법인세 인상 등 여건이 변해 스마트 팩토리에 대한 수요는 높아질 수밖에 없다.

넷째, 초연결이라는 속성을 통해 군대 내 작전 지휘 통제를 실시간으로 할 수 있는 능력을 갖출 수 있게 해주는 기반도 바로 5G다. 전군 지휘 통제가 일정한 장소가 아니라 어떤 장소에서도 곧바로 하달되고 이행할 수 있는 환경을 만들어줄 수 있기 때문이다. 이 같은 구상은 강대국의 군 전략 이용 방안에 많이 녹아 들어가 있다. 한국에서도 기업의 선도 기술을 어떻게 군사적으로 활용할 수 있을지에 대한 대상 중 하나로 5G 상용화를 봐야 한다.

'스마트 센서'도 한국의 기업들이 역량을 발휘할 수 있는 분야다. 센서는 측정 대상물의 물리·화학·바이오 상태의 변화를 감지해 신호로 변환하는 장치를 뜻한다. 이 센서에 집적 회로와 지능형 소프트웨어 기술을 접목해 데이터를 처리하고, 자가 진단을 할 수 있는 장치가 '스마트 센서'다. 반도체 공정 기술로 기계적 구조물과 전자 회로를 함께 집적시키는 미세 전자 제어 기술MEMS과 나노 소재를 통해 센서의 소형화와 스마트화가 가능해진 제품이다. 전문가들은 단일 센서 모듈에서 다기능 복합 센서 모듈로 발전하는 제품들이 4차산업혁명을 견인할 것이라고 평가한다.

센서는 4차산업혁명의 기본 부품이라고 할 수 있다. 5G가 '연결'의 개념이라면, 센서는 연결망을 오가는 데이터를 만들어내는 기기다. 정보 생성, 정보 수집, 정보 추출, 학습 과정AI이 통상적인 지능 정보기술의 가치 사슬인데, 센서가 없다면 최초의 데이터 생성이 불가능하다. 반대로 성능 좋은 센서를 쓰면 그만큼 부가 가치는 더 높아진다. 데이터가 더욱 정확해서다.

기존 센서가 특정 상태를 감지해 중앙 처리 장치가 판단을 내릴 수 있는 데이터를 제공하는 수준에 머물렀던 반면, 스마트 센서는 칩 하나One Chip에 기존 기능과 더불어 통신, 데이터 처리 및 AI 능력까지 갖춘 지능화된 센서다. 그래서 스마트 센서의 조건은 고기능, 초소형, 낮은 가격이다. 과거에는 금속, 폴리머, 전자 세라믹 소재들로 구성된 아날로그 방식 센서들이 주를 이뤘지만, 최근에는 반도체형 센서가 각광을 받는다.

스마트 센서는 자율주행차, 모바일, 의료 기기 분야에 응용이 가능하다. 모바일 센서는 스마트폰이나 태블릿 PC, 노트북 등 이동형 스마트 기기에 적용되는 센서를 뜻한다. 기존 제품에도 이미지 센서, 마이크로폰, 터치 센서, 조도 센서, 근접 센서 등이 들어가 있다. 앞으로는 모바일 기기에 후각이나 미각 센서가 적용돼 '오감 센싱'이 가능해질 것이라는 예측도 있다. 또 스마트 센서는 모바일 기기의 새로운 형태인 웨어러블 기기 시장의 주역이 될 가능성이 높다. 자율주행차에는 30여 종 이상, 300여 개 이상의 센서가 부착된다. 운전자 지원 시스템ADAS, 무인 자율주행 등의 기술 구현에 레이더, 카메라, 초음파 센서 등이 필요하기 때문이다.

바이오 분야에서는 센서의 고도화와 소형화로 재택 진단 및 원격 진료 시스템, 스마트 홈 시스템, 대규모 환경 감시 시스템 등이 스마트 센서를 내장한 IoT를 통해 구현될 수 있다. 특히 나노 입자, 나노선, 2D 소재 등 다양한 나노 소재를 이용한 센서는 실시간 진단과 원격 의료를 하는 데 필수 기술로 꼽힌다. 실제로 NAS는 32개의 화학적 센싱 채널을 적용해 화학 센서 모듈을 개발했는데, 이 센서는 증기나 가스 냄새를 분석한다. 프린스턴대학교와 UC버클리대학교는 개별 세포에 센서를 삽입할 수 있는 '나노 온도계'를 개발했다. 체내 조직의 온도를 측정하기 위한 용도로 사용되는 제품으로 미국 오메가사에서 이 온도계를 상용화했다.

한국에서도 연구가 이뤄지고 있다. 울산과학기술원UNIST이 나노 소재를 이용해 당뇨병과 녹내장 진단을 할 수 있는 '스마트 콘택트 렌즈 센서'를 개발했다. KAIST는 캘리포니아대학교 어바인캠퍼스 화학과 연구팀과 함께 대기 중 1% 미만의 수소 가스를 7초 안에 검출할 수 있는 수소 가스 탐지 센서를 개발했다. 검출하는 데 보통 1분이 걸리는 기존 센서를 대체해 수소 자동차를 비롯한 여러 분야에 적용할 수 있다. 또 나노람다코리아는 나노종합기술원과 수질, 미세 먼지, 음식 품질 등을 측정하는 IoT 분야에 응용할 수 있는 나노 분광 센서를 내놓기도 했다.

하지만 전문가들은 한국 센서 기술이 아직 갈 길이 멀다고 평가한다. 센서가 필수로 사용되는 IoT 시장이 커지는 것에 비해서 한국 센서 시장 규모는 대단히 작다. 4대 ICT 핵심 부품으로 꼽히는 반도체, 디스플레이, 2차 전지, 센서 중 3개 분야는 한국 기업의 시장 지배력과 기술력이 세계 최고 수준이지만 센서는 그렇지 못하다. 세계 시장 점유율이 1.6%에 불과하고, 기술 수준은 64% 수준에 머무르고 있기 때문이다. 이에 한국산업기술평가관리원은 "나노 센서는 아이디어만으로도 창업할 수 있는 중소기업형 사업 아이템이라는 점에서, 국가 주도적으로 육성이 필요한 신산업 분야"라고 평가하기도 했다. 해법은 한국 내 기반 산업과 연계하고 차세대 국방, 산업 분야에도 필요한 스마트 센서를 개발하는 데 있을 수 있다.

한국에서 '바이오'도 외형이 커지는 분야 중 하나다. 그러나 역시 타국과의 기술 격차는 풀어야 할 숙제다. 한국과학기술기획평가원 KISTEP의 '기술 수준 평가' 보고서에 따르면, 우리나라 바이오 기술력은 미국의 77.4% 수준으로 4.3년의 기술 격차가 존재하는 것으로 나타났다. EU와 일본은 각각 미국의 94.5%, 92.5% 수준이고 중국은 69.4%였다. 기술 수준 평가는 정부가 2년 단위로 10대 분야, 120개 국가 전략 기술을 대상으로 미국을 100으로 놓고 미국, EU, 일본, 중국과 비교한 것이다.

국내 기술 수준 상위 20개 항목 중 줄기 세포 치료 기술은 미국 대비 86.9% 수준으로 우리가 보유한 바이오 기술 중 가장 높다. 현재 전 세계에서 시판되는 8개 치료제 가운데 4개가 한국산일 정도로 실력을 인정받고 있다. 이정훈 바이오의약품협회 팀장은 "새로운 분야인 바이오시밀러나 줄기 세포, 유전자 치료제 등 부가 가치가 높은 첨단 바이오 분야에 초점을 맞춰 도전해볼 만하다"고 했다. 합성약을 합친 전체 의약품 시장에서 바이오 의약품 매출은 꾸준히 늘고 있다. 제약 산업 분석 업체 이밸류에이트파머는 글로벌 의약품에서 바이오가 차지하는 비중은 2016년 25%에서 2022년 30%로 늘어난다고 내다봤다.

주목할 점은 매출이 큰 상위 의약품일수록 바이오 비중이 이미 합성약을 넘어서고 있다는 것이다. 전 세계 매출 상위 100대 의약품에서 바이오 의약품 비율은 2008년 30%에서 2016년 49%로 급증했고 2022년에는 52%에 이를 전망이다.

한국은 바이오 분야가 더디지만 분명 한 걸음씩 발전을 하고 있는 분위기인 데다가, 국가 차원에서 육성 정책도 많이 마련되는 분위기다. 또 군사적인 분야에 접목하면 병사의 건강 상태나 작전 수행 능력 등을 판단하고 지원하는 워리어 플랫폼에 적용될 수 있기에 군-기업 네트워크 측면에서 주의 깊게 바라봐야 하는 분야다.

09
밀리테크4.0
에코 시스템

밀리테크4.0이 향후 국가 경쟁력을 좌우할 수 있는 핵심 요인이라는 점을 살펴보았다면, 이제는 '한국이 어떻게 받아들여야 하는가?'를 고민해봐야 한다. 결과적으로 얘기하자면, 한국이 밀리테크4.0을 적극적으로 도입하기 위해서는 국방과 과학기술, 인재 육성 분야의 '시스템 체인지'를 이뤄내야 한다. 칸막이가 놓였다고 볼 수 있는 국방과 과학기술의 관계, 연속성이 미흡한 인재 육성 방안들을 유기적으로 재조합하는 노력이 선행돼야 밀리테크4.0의 안착을 도모할 수 있다는 뜻이다.

한국은 그동안 밀리테크의 주축이 되는 국방 분야 R&D의 초점을 소요 기반Demand Driven에 맞춰왔다. 이 때문에 핵심 기술 연구보다는 선진 첨단 무기 체계의 모방 혹은 해외 무기 체계 도입 등의 추격형_{Catch-Up} 유형에 머물렀다. 그러나 4차산업혁명에 걸맞은 방위산업 육성을 위해서는 기술 주도형_{Technology Push} 방식의 R&D 기획 체계가 갖춰져야 한다. 첨단 무기 체계 보유를 위해 자체 기획·연구보다 해외 구매에 예산을 투자할 경우를 상정해보자.

4차산업혁명 차원의 첨단 기술 분야에서도 해외 원천 기술 소유자와 핵심 부품 공급자의 R&D 역량은 상승하고 한국 R&D 역량은 제자리에 머물러 역설적으로 기술의 차이가 더욱 벌어지게 되는 사태가 벌어지게 된다. 이렇게 된다면, 한국의 밀리테크4.0 구현은 더욱더 먼 얘기가 될 수밖에 없다. 또 독일의 연구 기관들에게서는 기초 연구와 상용화를 동시에 달성하는 메커니즘과 안정적 재정 기반, 독립성을 배울 필요가 있다. R&D를 기획하고 실행하는 인력 역시 '육성'과 '활용'이라는 측면을 모두 고려해 전문성을 충분히 지닌 인재로 배출해내는 시스템을 구축해야 한다.

Tech Push Spirit: DARPA와 DIU

2018년에 설립 60주년을 맞이한 DARPA는 세계 최강국 미국의 입지를 단단하게 해준 조직이다. 국방 과학기술의 선진화뿐 아니라 첨단 산업 기술로의 응용에도 중추적인 역할을 해서다. DARPA는 유망하거나 향후 필요하다고 여겨지는 R&D 분야에 대한 기획을 제시하는 데 방점을 찍는다. 즉, 지도를 그리는 역할인 셈이다.

6장에서 언급했듯이 인터넷의 시초인 알파넷, 내비게이션을 가능

▶ DARPA 로고

케 한 GPS, 컴퓨터의 활용도를 극대화한 마우스, 3D 가상현실VR을 즐길 수 있는 헤드마운트디스플레이HMD 등이 DARPA가 최초로 기획하고, 국방 혹은 산업 분야에서 제품화한 첨단 기술에 속한다. 그 역할은 꾸준히 이어져와서 21세기 가장 중요한 발명품이라 불리는 아이폰에 DARPA의 존재로 인해 세상에 나오게 된 기술들이 상당 부분 들어가 있다고 평가된다. 자율주행차 선도 기업인 구글 역시 이 분야에 처음 뛰어들게 된 계기가 바로 2005년과 2007년 주최한 로봇 자동차 경주DARPA Challenge였다.

  DARPA는 1957년 구소련이 인공위성을 쏘아 올려 미국을 충격에 빠뜨린 스푸트니크 쇼크를 계기로 설립됐다. 설립 목표도 "파괴적 혁신 기술에 전략적 선제 투자로 적국으로부터의 기술적 충격은 방지, 적국에 대한 기술적 충격은 창출"이다. 더 이상 미국이 전략적 기술 충격strategic technological surprise의 희생자가 아닌 창출자initiator가 되어야 한다는 것이다. 북한 핵무기 개발을 바라봤던 경험과 점점 다가오는 4차산업혁명에 제대로 호응하지 못하고 있다는 평가를 받는 한국에게는 인상적인 대목이 아닐 수 없다.

특히 1980년대부터는 혁신 기술 개발 및 이전에 초점을 맞춰 운영됐다. 스텔스, 정밀 타격, 무인 정찰기 분야에서 성과를 내 국방 현장으로 파급했다. 이 시기 추진했던 원천 기술 개발은 현재 연구 중인 AI, 퀀텀 컴퓨팅, 로봇으로까지 이어진다. 밀리테크라는 개념을 정확히 운영해온 것이다. 정보통신기술진흥센터에서 2018년 11월에 발간한 '혁신 아이콘 60년, DARPA의 평가 및 PM 제도 분석'에서 짚어낸 DARPA의 혁신의 토대는 다음과 같다.

첫째, DARPA는 그 어느 R&D 전담 기관에 비해 강력한 독립성을 부여받고 있다. 이는 무분별한 기관 확장보다는 본분을 유지하려는 내부의 굳은 의지와 고객 및 전문가 집단의 탄탄한 신뢰가 있기에 가능한 것이다.

둘째, DARPA의 프로그램 관리자PM는 매우 강력한 기획 및 평가 권한을 보유하고 있는 반면 주요 업무 단계별 상위자의 승인, 제안자와의 접촉 제한, 매우 촘촘한 상피 규정 등 체계적인 견제 장치도 운영되고 있다.

셋째, DARPA는 매우 세부적인 평가 요령을 준비하고, 평가팀 킥오프 회의를 의무화해 이해 상충에 대한 자기 검증 및 평가 방법을 교육하며, 평가자에게 구체적인 평가 근거를 제시토록 하는 등 평가 내실화를 위해 노력하고 있다.

넷째, 제안자 부담 완화를 위한 예비 제안서 단계 도입, 예비 제안서 탈락자에게 반드시 탈락 사유 통지, 본 제안서 탈락자에 대한 설명회 informal feedback session 등 다양한 연구자 배려 제도를 운영하고 있다.

다섯째, 이해 상충을 피하기 위한 인적 공정성 추구, 제안서 접수

▶ DIU 로고

전과 후 불공정한 정보 제공 금지를 위한 구체적인 가이드라인 등 정보 공정성에 대한 세밀한 제도도 인상적이다. 무엇보다 부러운 것은 DARPA에 넘쳐나는 도전 정신과 실패 용인의 문화다. 도전하는 R&D가 간절한 한국에게 DARPA는 더 입체적으로 이해해야 할 대상인 듯하다.

국방 과학기술 발전을 통해 국제 사회에서 패권을 계속 유지하고자 하는 미국은 최근 몇 년간 국방부와 민간 영역의 연계를 더욱 강화하려는 태세를 갖추는 분위기다. AI, 5G 통신, 사이버 보안 등 민간 분야에서 급속히 발전하고 있는 다양한 첨단 기술을 국방 분야에도 적용하는 스핀-온 속도를 끌어올리기 위해서다. 실제 미국은 민첩성과 창의성을 높이는 방향으로 국방 조직을 재편해오고 있다. 국방과 상용 기술 사이에서 가교 역할을 담당하는 조직들을 확장 운영함으로써 민간의 진보된 기술을 빠르게 확보하고 국방에 활용하기 위한 디딤돌로 삼으려는 것이다. 즉, 미국조차도 DARPA를 넘어선 군-산 네트워크를 직접 운용하려고 노력하는 셈이다.

가장 대표적인 조직이 2015년 출범한 미국 국방혁신실험사업단 DIUx: Defense Innovation Unit Experimental이다. 미국 국방부는 캘리포니아 실리콘밸리에 소재한 에임스 공군 기지에 DIUx 신설을 지시, 민간의 기술적 성과를 국방에 상시 도입하고 채택하는 시스템을 구축했다.

188

주변의 구글, 애플 등이 보유한 4차산업혁명 기술들을 신속하게 무기 체계에 적용하겠다는 의도다.

미국은 이어 2018년 8월 임시 조직이던 DIUx를 국방혁신단_{DIU:} Defense Innovation Unit으로 전환해 국방부 내 정규 조직으로 편성했다. 기존의 실험적이고 한시적인 조직으로부터 상설 기구로 성격을 전환하면서 그 위상 역시 DARPA와 미사일방어국MDA 수준의 조직으로 상향시킨 것이다. 2018년 9월부터 DIU를 이끌고 있는 마이클 브라운Michael Brown의 이력도 파격적이다. 그는 실리콘밸리의 IT 보안 기업 시만텍Symantec CEO 출신이다. DIU 단장에 취임한 후 미국 언론과의 인터뷰에서 군보다 민간 산업이 앞서가는 분야로 AI와 사이버 보안을 꼽았다.

베스트 오브 베스트: 탈피오트

'나이스 시스템NICE Systems'은 나스닥에서 이름을 날리는 보안 기술 회사다. 이전에는 볼 수 없었던 기술을 선보였기 때문이다. 만약 누가 애완용 햄스터 푸드를 구매하기 위해 전문점에 전화를 했다면 '나이스 시스템'은 그 사람이 즐겁게 전화를 했는지, 아니면 퉁명스럽게 대화를 나눴는지 세밀하고도 정확한 내용을 즉시 파악할 수 있다. 칩 기술을 활용한 보안 기술 덕이다.

이곳에서 만든 '8088칩'은 기존 칩보다 5만 배 빠른 속도로 작동한다. 인텔 예루살렘 공장에서 만드는 '386칩'은 컴퓨터 성능을 크게 향상시켰다는 평을 듣는다. 유무선 인터넷을 통합해 지원하는 '센트리노칩'도 이곳에서 개발한 제품이다. 이 '나이스 시스템'은 이스라엘 특수 부대 '탈피오트Talpiot' 출신들이 만든 업체다. 7명의 퇴역 군인이 회사를 꾸릴 당시에는 데이터를 정밀 검색하는 보안 회사로 출발했지만, 지금은 첨단 칩을 생산하면서 컴퓨터 중앙 처리 장치를 거의 다 만들다시피 하는 거대 기업이 됐다.

이스라엘에서 태어난 아리크 체르니악은 1993년에 고등학교를 졸업하고 '탈피오트' 군사 프로그램의 일원으로 뽑혔다. 이 프로그램 덕분에 히브리대학교에서 3년간 물리학과 컴퓨터공학을 전공한 뒤, 6년간의 군 복무를 마치고 온라인 동영상 벤처 기업인 '메타카페metacafe'를 창업했다. 그와 함께 탈피오트 프로그램을 이수한 동료 상당수가 이스라엘의 IT 기업에 들어가 세계 최고 IT 벤처 요람인 실리콘밸리에서 일한다.

'탈피오트'는 해당 졸업생만 대상으로 하는 온라인 포럼인 '탈피넷Talpinet'이 있다. 여기에서는 한 졸업생이 능력이 출중한 누구를 찾을 경우, 다른 졸업생과 접촉하는 데 도움을 준다. 아리크 체르니악은 이 '탈피넷'의 오프라인 모임인 '탈피밋Talpimeet'을 조직했다. 1년에 몇 차례 적당한 장소를 찾아 하룻밤 동안 하는 포럼에 700명이 넘는 탈피오트 졸업생을 모두 초대한다. 각 포럼에는 각자 분야에서 최고의 자리에 있는 '탈피오트' 졸업생 몇 명이 강연자로 나선다. 참석 인원은 수백 명에 달하며, 동문들의 만남은 또 다른 '스타트업'의 자양분이 된다.

인간 게놈을 해독하고 신약을 개발하는 세계적 생물 공학 기업

'컴퓨젠Compugen'의 창업자 엘리 민츠도 '탈피오트' 출신이다. 그는 유전학자였던 부인이 유전자 데이터를 분석하는 데 애를 먹는 것을 보고 1년 만에 유전자 해독 기술을 개발해 성공을 거뒀다. 많은 유전학자가 시도했지만 고개를 설레설레 흔들게 했던 작업을 단기간에 성공할 수 있었던 이유는 군 경험 덕택이다. 군에서 테러리스트를 분류하기 위해 방대한 양의 데이터를 처리하는 알고리즘을 개발했다. 컴퓨젠에서 핵심 역할을 담당한 60명의 수학자 중 25명이 민츠와 같이 군대 네트워크로 연결된 사이다.

이외에도 '탈피오트' 출신들이 참여한 기업으로는 인터넷 보안 전문 업체 '체크포인트', 미국 이베이에 인수된 바 있는 지불 보안 업체 '프로도 사이언시스', 배터리 교환 방식의 전기차를 개발한 '베터 플레이스' 등이 있다.

탈피오트는 이스라엘이 국방 인력의 활용 중 군 복무 기간 동안 영재 교육을 통해 창업을 유도하기 위한 목적으로 운용하는 프로그램이다. 애초에 이 제도는 1973년 4차 중동 전쟁을 키푸르 전쟁 중 시나이 전투에서 이집트군에 이스라엘이 패한 뒤, 첨단 과학기술 인재 육성의 필요성이 부각되고 군 현대화가 강조되면서 1979년부터 시행됐다.

이스라엘도 한국처럼 징병제를 채택한 나라다. 다른 점이라면 남녀 모두 고등학교를 졸업한 후 군대에 가야만 한다. 다른 나라 학생들이 어느 대학에 진학할 것인지 고민할 때, 이스라엘 학생들은 서로 다른 군사 부대 간의 장점을 비교한다. 다른 나라 학생들이 최고의 학교에 가려면 무엇을 해야 하는지 생각할 때, 이스라엘 학생들은 이스라엘 방위군IDF의 엘리트 부대에 들어가기 위한 준비를 하는 것이다. 이렇게 들어간 부대의 출신자들은 생사가 갈리는 상황에서 민첩하게 결정한 경험을 훗날 비즈니스 세계에서 활용하게 된다.

IDF는 매년 고등학교를 졸업한 약 1만 명의 지원자 중 50~60명을 선발한다. 합격하면 대학 4년 과정을 히브리대학교에서 40개월 안에 수학과 물리를 배우고 컴퓨터 공학을 복수로 전공한다. 중위로 임관하면 6년 동안 군 복무를 하게 되는데, 이스라엘 군대 및 방위산업체에서 연구 요원으로 일한다. 군을 제대한 이후 학업을 계속 하든지 취업·창업을 하든지 여부는 개인의 자유다. 창업을 선택할 경우 정부는 자금도 지원한다.

당초에는 이스라엘의 군대를 현대화하는 전략의 하나로 추진됐지만, 지금은 유망 글로벌 벤처 기업 육성책으로 핵심 국가 프로젝트로 자리 잡았다. 실제로 탈피오트 출신인 탈피온Talpion, 이스라엘에서 가장 뛰어난 인재를 지칭하는 말은 30년 동안 700여 명 정도이지만, 이스라엘의 벤처 및 학계를 장악했다.

육군사관학교 산학협력단이 2017년 내놓은 '우수 과학기술 인재의 국방(軍) 분야 활용 방안 연구'는 "탈피오트 제도는 우수 과학기술 인재를 군사력 강화에 활용할 뿐 아니라, 그들로 하여금 다양한 기술적 지식의 습득 및 리더십 경험을 통해 이후 벤처를 설립 및 운용하는 자질과 역량을 구비하게 함으로써 우수 과학기술 인재의 양성 및 국방 활용의 모델이 된다"고 평가했다. 기업이 할 수 없는 장기적 안보 목적의 빅 사이언스big science를 국가 주도의 시스템이 추구한 대표 사례라 할 수 있다.

강국들의 국방 과학기술 인력 양성 사례

징병제를 채택하는 중국에는 우수 인재 국방 분야 유인 제도가 있다. 중국군의 우수 인재를 군 장교로 유도하기 위한 법적·제도적 장치를 두고 있는 것이다. 전문대학 졸업자에게는 통상 소위 계급, 대학 본과 졸업자는 통상 중위 계급, 석사 학위 취득자는 통상 상위_{대위급} 계급, 박사 학위 취득자에게는 통상 소교_{소령} 계급을 부여한다. 학위에 따라 계급을 차등적으로 부여함으로써 우수 인재의 장교 복무를 유도하는 데 과학기술 분야에도 동일하게 적용하고 있다.

'2110공정'이 대표적인 국방(군) 분야 우수 인재 집중 육성책이다. 중앙군위_{중국군 최고 지휘 통제 기관}가 인민해방군의 국방(군) 현대화 건설을 지원하기 위해 설립한 군 전문 교육 기관으로 18개 대학에서 60개 학과를 운영 중이며 31개 전문 실험 연구 기관을 보유하고 있다.

1953년 창설된 후난성 창사시 소재 '국방과학기술대학_{National University of Defense Technology}'이 2110공정 중점 건설 양성 기관 중 대표 학교로, 졸업하고 나면 중위 계급이 수여된다. 졸업한 인원 가운데 다수는 중국군 부대, 과학 연구 기관 또는 장비발전부 예하 부대 등으로 배치된다. 과학 연구 단위, 무기 개발 단위(부대)에서는 문직_{군무원과 유사}으로 전환해 근무할 수 있고, 일선 부대의 정보 공정 부대에서는 현역 장교 신분으로 근무 가능하다.

지원병제인 프랑스는 세계 2위의 국방 과학기술 선진국으로 꼽힌다. 국방비 대비 10.5%(2013년 기준 전체 국방비 414억 달러 중 44억 달러)를 R&D에 투자할 정도다. 병기본부_{DGA: Delegation Generale d'Armement}

국방 과학기술 인력 양성 및 활용에 관한 해외 사례 비교

구분	이스라엘	프랑스	미국	중국	러시아
병역 제도	징병제	지원병제	지원병제	징병제	징병제 (일부 모병제)
주요 제도	탈피오트	병기군 제도		2110공정부대	연구 중대
선발 대상	고졸 우수자 (50~60명)	고교 졸업자	수시 선발 지원자 중 우수자 선발	고교 졸업자	학사 이상 과학 기술 우수자 (2단계 선발)
교육 방식	히브리대학교 40개월 (장학금 지급)	병기본부 예하 4개 공과대학, 군 교육 기관 선발 후 교육		국방 과학기술 인력 양성 특성화 고등 교육 기관서 선발 교육	기본 군사 훈련 연구 참여
복무 형식	•중위 임관 6년 복무 •부대, 방위산업체 연구 요원 복무	•장교 복무 •시험평가센터 근무 후 개발 사업 관리/미래무기개발 전략 부서 복무	•국방부, 군 연구 기관에서 정규직 공무원 신분 근무	•교육 수료 후 부대/연구 기관 장교, 군무원 복무 •다수가 연합 참모부의 연구 기관 복무	•복무 1년 후 중위, 군 연구원 전환/ 중앙 군사 행정 기관 부여 연구 과제 수행
전역 후 진로	•교육/복무 기간 창업교육 지원 •전역 후 다수 관련 분야 창업	•병기 엔지니어, 병기 기술 연구 엔지니어, 병기 행정 장교로 구분	•다양 한 복리후생 제도 마련 •국방 과학기술을 체험할 수 있는 프로그램 운용	•성적 및 학위에 따라 임관 계급을 차등 부여	•군 연구 기관의 대체 복무 연구 근무제 있으나 점차 축소 중

출처: "우수 과학기술 인재의 국방(軍) 분야 활용 방안 연구", 육군사관학교 산학협력단. 2016, p.96

예하의 기술국에서 약 1만 600명이 기술 정책을 수립 및 시행하고, R&D, 시험 평가 등 모든 획득 업무를 수행한다. DGA의 기술국 외에도 과학기술 분야 전문 인력을 해외에 진출한 자국 기업과 공관 업무를 지원하는 데 활용하는 등 국가 차원으로 과학기술 전문 인력의 효과적 활용을 도모한다.

프랑스는 병기군 제도가 특이한데, 국방 과학기술 발전과 국방 과학기술 인력의 효과적 관리를 위해 육·해·공·헌병군 외에 병기

군을 별도로 편성해 5개 군 체제를 갖추고 있다. 병기군은 국방부 산하에 DGA를 두고 무기 체계 개발 및 획득을 위한 업무를 수행한다. DGA는 우리나라의 ADD와 방위사업청의 임무를 동시에 담당하는 역할을 한다. DGA 근무 인원의 60%는 전문 엔지니어다.

세계 3위의 국방 과학기술 선진국인 러시아는 세계 최고 수준의 감시 정찰, 함정, 항공 우주, 화력, 방호 분야의 국방 과학기술 보유국이다. 국방과학위원회, 군사기술연구소, 다수의 국방 과학기술 연구 기관을 중심으로 국방 분야의 과학기술을 향상시킨다. 군사학교 예하에 군 관련 연구 조직인 연구 중대Research Company에서 우수 과학기술 인력을 선발해 국방 과학기술 연구를 시행토록 한다.

세계 1위 독보적 군사 강국인 미국은 전체 국방비 대비 13%(5,275억 달러 중 696억 달러, 2013년 기준)를 R&D에 투자한다. 국방성 산하 및 각 군의 연구 기관에서 약 12만 3,800명이 기초 연구와 응용 연구 등 핵심 기술 개발과 기존 무기 체계 성능 개량 등을 연구하고, 미래전에 대비한 혁신적 연구를 수행하는 기관으로써 DARPA를 운용한다. 미국은 지원병제를 운용함에 따라 모집 분야, 자격, 인원 등을 수시로 공지하고 우수 과학기술 인재들을 유인할 수 있는 다양한 복리후생 제도를 시행한다.

독일 정부의 R&D

독일 베를린시 구동독 지역에 위치한 헬름홀츠 젠트룸 베를린연구

▶ 헬름홀츠 젠트룸 베를린연구소의 방문 연구팀이 팀의 부적인 '팀을 돕는 손'을 위에 걸어둔 채 기
계를 마음대로 변형하고 있다.

출처: HZB, 2019

소$_{Helmholtz Zentrum Berlin}$는 헬름홀츠 산하 19개 연구 센터 중에서 지속
가능한 에너지를 연구한다. 젠트룸 베를린연구소에는 싱크로트론
방사광 가속기 BESSYⅡ를 이용해 활발한 연구가 진행되고 있다.
BESSYⅡ는 가속한 전자에서 나오는 밝은 빛인 '싱크로트론'을 이용
해 물질의 미세 구조와 현상을 관찰하는 거대한 연구 시설이다.

1998년 4월 첫 가동을 시작한 BESSYⅡ는 건립하는 데만 1억 유
로가 들었다. 그런데 이러한 '값비싼' 연구 시설을 이용할 수 있는
것은 연구소 직원에 한정되어 있지 않다. BESSY Ⅱ의 MX 빔 라인
운영을 담당하는 마틴 겔라흐$_{Martin Gerlach}$ 박사는 "600명의 직원이
이곳에서 일하는데, 매년 1,500~3,000명의 국내외 연구원이 방문
하고 있다"고 힘줘 말한다. 6개월 단위로 연구팀이 제출한 연구 계
획서를 심사해서 방문 연구원을 선발하고, 선발된 연구원들이 무료
로 이곳에서 연구를 진행할 수 있도록 지원하고 있다.

방문 연구원이 가속기를 이용할 수 있는 폭도 넓다. 방문 연구원이 관찰하고 싶은 표본을 넘기면, 가속기를 사용하는 데 능숙한 헬름홀츠 연구원들이 빔 라인을 가동시켜주는 '소극적 의미에서의 이용'이 아니다. BESSY Ⅱ는 40개의 다양한 빔 라인을 통해 빛을 수확하는 구조라 40개의 실험을 동시에 할 수 있는데, 방문 연구원에게 실험을 독자적으로 할 수 있게 빔 라인을 통째로 내어준다. 연구원들은 주어진 시간 안에서는 누구의 간섭도 받지 않은 채 가속기를 변형해가며 실험을 진행할 수 있다.

스웨덴에서 온 방문 연구원 3명도 본인들의 구상에 따라 빛과 열에너지를 더 모으기 위해 라인을 호일로 싸고 있었는데, 기계가 망가질까 전전긍긍하며 감시하거나 감독하는 그 누구도 주변에 없었다. 연구원들은 오히려 연구팀의 부적이라고 믿는 '손 모형'마저 곁에 두고 자유롭게 웃고 떠들며 실험 준비를 하고 있었다. 이러한 연구 지원 덕분에 3,000건이 넘는 논문이 나왔다고 한다.

이러한 헬름홀츠연구소의 통 큰 '오픈 마인드' 뒤에는 독일 정부의 지원이 있다. 헬름홀츠연구소의 2018년 예산은 45억 6,000만 유로인데, 3분의 2가 정부 예산으로 충당됐다. 이뿐만이 아니다. 헬름홀츠연구소뿐 아니라 막스플랑크연구소, 라이프니츠연구소, 프라운호퍼연구소 등 4대 연구소는 독일의 과학기술 경쟁력을 뒷받침하는 핵심 주축으로 손꼽는다.

각각 다른 특색이 있는 4개 연구소는 국가로부터 안정적인 지원을 받고 있다. 기초 과학 분야를 담당하는 막스플랑크연구소, 기초부터 응용 분야까지 폭넓게 걸쳐진 라이프니츠연구소, 실용 연구에

독일의 4대 연구소

구분	연구소	직원	예산
막스플랑크연구소	84개	2만 3,425명	17억 유로
헬름홀츠연구소	19개	3만 9,255명	45억 유로
라이프니츠연구소	93개	1만 9,000명	19억 유로
프라운호퍼연구소	72개	2만 6,600명	25억 유로

중점을 두고 있는 프라운호퍼연구소의 한 해 예산은 각각 17억 유로, 19억 유로, 25억 유로다. 기업과의 협력을 중시하는 프라운호퍼연구소가 30%만 정부로부터 지원을 받고 70%를 산업체나 지역 사회 등에서 조달하는 것을 제외하면, 나머지 3개 연구소는 대부분 연방 정부와 주 정부로부터 약 70~90%의 지원금을 받고 있다.

이러한 예산은 전 세계 기술 경쟁을 이끄는 미국과 중국이 쏟아붓는 자본력에 비하면 부족하다. 하지만 독일 정부는 R&D 분야에 꾸준하게 재정 지원을 제공해왔다. 독일은 경기 불황이라도 R&D 분야에 대한 정부의 재정 지원을 절대 줄이지 않아왔다. 최근 금융위기 때도 5년 동안 R&D 분야 연구비를 매년 5%씩 늘리기도 했다. 기술 개발에 대한 재정 지원을 아끼지 않을 것이라는 독일 정부에 대한 믿음은 독일 연구소에서 일하는 연구원들에게 안정감과 자부심을 이끌어내고 있다. 상용화를 중시해 정부로부터 30%만 지원을 받는 프라운호퍼연구소도 이에 대해 "완벽한 기초 연구와 뛰어난 독창성을 위한 자금"이라고 평가하고 있다. 이러한 안정적 자금 조달을 통해 부여된 안정감은 창의적인 기술을 만들어내는 선순환의 구조로 이어지고 있다.

이 대목에서 왜 국가가 R&D에 나서야 하는지 알 수 있다. 한국도 적지 않은 금액을 R&D에 쏟아붓고 있지만 그 성과는 자랑할 만한 것이 못 된다는 평가가 많다. 한국 R&D의 특징 중 하나는 정부 중심이 아니라 기업 중심으로 이뤄지고 있다는 점이다. 기업의 R&D는 당장 수익 창출 또는 비용 절감으로 연결시킬 수 있는 상업적 목적의 R&D에 편중돼 있다. 한국 굴지의 기업인 삼성전자, 현대차만 하더라도 기초 과학 연구 사례는 찾아보기 어렵다. 기업으로서는 어쩌면 당연한 일이다. 수십 년, 수백 년 앞을 내다보는 기초 과학 연구를 기업에 강요할 수도 없다.

국가적 안보 목적의 중장기 빅 사이언스 프로젝트는 정부가 주도하고 군과 과학자가 협업해야 추진할 수 있다. 기업은 상업적 목적을 위해 추격형 R&D를 추구하지만 국가 주도 연구소는 안보 같은 큰 목적을 갖고 선도형 R&D를 추구할 수 있다.

독일 연구소의 자율성과 협업 체계

연구 활동의 자율성을 보장하는 것도 중요하다. 독일의 기본법인 헌법 제5조 3항은 "예술과 과학, 연구, 교육은 자유를 가진다. 교육의 자유는 헌법의 다른 권리에 의해서도 침해되지 않는다Kunst und Wissenschaft, Forschung und Lehre sind frei. Die Freiheit der Lehre entbindet nicht von der Treue zur Verfassung"라고 명기하고 있다. 헌법에서 연구 활동의 자율성을 보장하고 있는 셈이다.

독일 헌법의 정신에 맞게 독일 연구소에서 그 누구도 정부 정책에 맞춰 연구 방향을 정해본 적이 없다고 말한다. 프라운호퍼연구소의 라이문트 노이게바우어Reimund Neugebauer 총재는 "프라운호퍼연구소의 기관들 중 한 해 동안 좋은 성과를 이뤄낸 산하 기관이 다음 해에 더 많은 기초 자금을 지원받게 되는 독특한 시스템을 갖고 있다"고 말한다.

산하 기관으로 분배된 예산 역시 자유롭게 운영되고 있다. 막스플랑크 콜로이드 및 계면 연구소를 이끌고 있는 피터 지베르거 교수도 "막스플랑크연구소에서는 무엇을 연구해야 하는지에 대한 지침이 없다"며 이는 막스플랑크연구소의 소장을 최고의 직업으로 만드는 요인이라고 강조했다. 지베르거 교수는 "막스플랑크연구소는 Haranath라고 불리는 원칙을 사용한다. 이 원칙에 따르면 막스플랑크연구소는 각 분야에서 최고의 인재를 영입해 각 연구 소장으로 앉히고, 자유롭게 사용할 수 있는 예산을 주고 3년마다 심사한다"고 강조했다.

실제 막스플랑크 콜로이드 및 계면 연구소는 소장인 지베르거 교수의 색을 띠고 있다. 지베르거 교수는 MIT에서 박사 과정을 밟게 되었을 때, 미국에 도착하자마자 이틀 뒤에 지도 교수를 만났던 점이 흥미로웠다고 말한다. 게다가 그는 노벨상 수상자였다! 독일은 박사 과정 학생이더라도 지도 교수를 1년에 1~2번 보는 것이 전부라고 한다. 지베르거 교수는 교수와 학생의 접점을 많이 만들기 위해 '9개의 팀'을 만들어 학생들을 지도하고 있다고 말한다. 또 기초 과학을 중시하는 막스플랑크의 다른 연구소와 달리 연구자들에게 이 기초

▶ 막스플랑크 콜로이드 및 계면 연구소 소장인 피터 지베르거 교수

연구가 어떻게 산업체에 응용될 수 있을지를 작성할 것도 요구하고 있다. 하지만 연구소의 운영 방식에 대해 막스플랑크협회나 막스플랑크에 막대한 자금을 지원해준 정부에 보고하지 않아도 된다.

독립적이고 자율적인 운영 방식은 연구의 연속성에 생명을 불어넣는다. 헬름홀츠 젠트룸 베를린연구소는 2월 초, 'POFProject oriented funding'라는 행사를 열었다. 2021~2028년까지 연구소에서 하고 싶은 연구 주제를 정하는 행사다. 연구소에서 일하는 누구나 제안을 할 수 있고, 소장이든 그룹 리더든 박사급 연구원이든 동등한 발언권을 지닌다. 개인들이 흥미롭게 생각하는 연구 주제를 발표하면, 그중 선택된 7~8개의 연구 주제를 정해서 향후 7년 동안 헬름홀츠 연구소에서 연구원들이 집중할 연구 주제가 된다. 독일 연구소의 자율성은 연구소에 생명력과 일관성을 불어넣으며, 연구 성과로 이어지고 있다.

한국형 밀리테크4.0: 연구 현장의 숨은 진주를 찾아내라

군사과학기술 분야에서 추격형Catch-Up 유형을 탈피하고, 기술 주도형Tech Push 모델을 안착시키기 위해 필요한 요소 중 하나는 DARPA의 R&D 기획 체계다.

DARPA는 '멀리FAR 위치한 인재와 아이디어를 찾아내 아이디어들을 최대한 신속히 가까운NEAR 곳으로 이동시키는 가교Bridge 역할'을 전략 목표로 둔다. 단기적 국방 수요는 각 군이 해결하므로 DARPA는 파괴적 혁신radical innovation에 집중한다는 뜻이다.

이를 위해 DARPA는 FAR 영역에서 원천적 발견들을 지속 탐색해 실현 가능성을 증명하며, 지원 대상으로 결정할 때까지 위험 감소 방안을 지속적으로 탐구한다. 한국도 첨단 군사과학기술을 추구하기 위해서는 소요 기반 R&D 일색에서 벗어나 장기적 R&D에 힘을 실어야 한다.

DARPA의 4대 중점 영역은 ① 다양화되는 위협으로부터의 국토 방위 ② 잠재 적국의 억제 및 압도 ③ 세계 안정화 노력의 효과적 실행 ④ 과거에 없는 역량을 가능케 하는 기반 연구 등인데, 이는 능동적이고 다원화된 연구 기획 시스템에서 이뤄진다. 기술 수요 조사 등 공식적인 기획 절차에서 드러나지 않는 숨은 진주를 발견하는 데서 보다 광범위한 R&D가 진행되는 것이다.

DARPA의 R&D 기획 작업은 공식 프로세스가 시작된 이후의 작업만을 뜻하지 않는다. 평소 다양한 네트워크와 각종 간담회, 연구 현장 방문 등을 통해 끊임없이 아이디어를 발굴하고 가능성을 확인하며 추진 전략을 고민해나가는 발상의 전환에서 탄생한다. 실제로 주요 기관들이 제안하는 기술 수요는 기획 단계에서는 큰 의미를 가지지만, 과정을 거칠수록 부서 및 기관 차원에서 걸러진 수요만이 살아남을 가능성이 농후하다. 참신하고 도전적인 아이디어가 전담 기관에 제대로 전달되지 못하고 사라질 위험이 생기는 것이다. 이런 요소를 최대한 제거하고, 연구 현장의 숨은 진주를 발굴하기 위한 노력이 한국 군사과학기술 R&D에 필요하다.

한국형 밀리테크4.0: 민간 기술 상시 도입 시스템 필요하다

물론 한국 군사과학기술의 현실과 추진 중인 사업 현황을 고려하지 않은 채 새로운 시스템을 추구해야 한다는 것은 아니다. 연구자의 아이디어 존중을 강조하는 동시에 기술 수요 조사, 기획위원회 운영, 인터넷 사전 공시 등 단계별 업무들이 필요할 때는 지금보다 더욱 내실 있게 추진하고, 그 결과를 체계적으로 활용하는 방안도 강구돼야 한다. 이를 위해 DARPA에서 추진 중인 RFI_{Request For Information}나 seedling의 도입도 고려해볼 만하다. RFI는 새롭게 부상하는 신기술의 의미와 활용 가능성을 조기에 파악한 뒤 선도적 대응을 마련하는 데 유용한 모델이고, seedling은 기획 탐색을 위한 소규모 연구 방식이다.

이러한 필요성에 호응하듯 2019년 2월 방위사업청은 '한국형 DARPA' 사업인 '미래 도전 기술 개발 사업'의 추진 근거와 절차 등을 포함한 '핵심 기술 연구 개발 업무 처리 지침'을 개정해 사업에 본격 착수한다고 밝혔다. 4차산업혁명의 기술 변화를 국방 분야에 신속히 반영하고, 미래 전장 개념을 변화시킬 수 있는 국방 기술 구현에 적극 도전한다는 취지에서다.

이 같은 계획을 발표한 왕정홍 방사청장은 "현재의 국방 기술 개발은 무기 체계 소요에 연동되다 보니 도전적인 기술 개발이 어려운 구조"라며 "앞으로는 혁신적인 기술이 무기 체계 소요를 창출하도록 미래 도전 기술 개발을 강화하고, 민간의 우수한 연구 인력의 참여를 확대할 수 있도록 국방 연구 개발 분야를 지속적으로 개방할 것"이라고 말했다. 시스템 구축을 천명한 만큼 앞서 언급한 DARPA의 특징이 잘 이식돼야 한국형 DARPA 시스템의 적절한 안착이 가능할 것이다.

아울러 한국형 DIU의 설치도 고려해볼 만한 방안이다. 실리콘밸리에 설치해 민간의 기술적 성과를 국방에 상시 도입하고 채택하는 시스템의 주체인 DIU처럼 한국도 판교테크노밸리 등에 기술 이전을 원활히 도모할 수 있는 조직을 둔다면 국방 과학기술의 개발 트랙의 수를 더욱 늘릴 수 있기 때문이다. 실제로 〈매일경제〉가 2019년 2월에 보도한 "지속 가능 판교 '기술 이전 전문가'에 달렸다"라는 기사에서 이경준 경기창조경제혁신센터장은 "협업을 위해 사람과 정보가 모이는 허브 기능이 필요하다"며 "이를 위해 스타트업과 기존 기업 등 민간 기관 그리고 정책을 제시하고 시행하는 정부 기관 등과 다양한 교류를 추진 중"이라고 말했다.

한국형 밀리테크4.0: R&D는 일관성 있게 추진하라

국방 과학기술 R&D를 일관성 있게 진행하는 '꾸준함'도 한국에 필요한 덕목이다. 녹색 성장에서 창조 경제, 4차산업혁명, 혁신 성장으로 정권마다 바뀌는 산업 기술 정책의 어젠다에 맞춰 국내 학계의 연구 주제도 요동치는 게 지금까지의 현실이다.

국내에서 6만 개나 되는 정부 R&D 과제 선정에는 형식상 연구자의 의견이 반영되지만, 실제로는 정부가 절대적 영향을 미치는 '톱다운 방식'이라는 것이 중론이다. 각 정부의 어젠다에 맞춰 연구 과제 계획서를 내지 않으면 과제가 선정되기 어렵기 때문이다. 정부의 수명이 다 하기 전에 정책 어젠다에 맞는 성과를 보여주려면 5년 이상의 중장기 연구를 제안해도 3~4년짜리 연구로 쪼그라드는 경향이 있다.

한국의 한 공공 기관 연구원에서 근무하다 독일의 연구소로 이직한 황지광 연구원은 "우리나라 국책 연구소가 채택하고 있는 Project Based System 아래에서 과제를 가져오지 못한다는 것은 곧 팀의 해체를 의미한다. 팀장급은 밖에 나가서 과제를 따오는 것이 중요한 임무이기 때문에, 과제를 수행하는 사람은 박사 후 연구원이나 대학원생"이라며 한국의 연구 현실을 꼬집었다.

한국 국방 R&D의 현실을 들여다보면, 독일에서 이뤄지고 있는 핵심 기술의 산업으로의 연계성이 약하다. 한국에서도 민·군 기술 협력 필요성이 커지면서, 민·군기술협력사업촉진법(2014년 이전에는 민·군겸용기술사업촉진법)이 개정되어 민과 군의 기술 협력을 위한 시스템이 조성됐다. ADD가 군수 기술 중 안보와 직접적으로 관계가 없는 기술을 특허로 낸 뒤 공개하면, 민간에서 국가 기술 이전 신청을 하는 방식으로 군에서 민으로의 기술 이전을 도모하고 있다.

2014년 기술 2,729건을 공개했고, 2017년과 2018년에는《국방 특허 100선》이라는 책을 발간하면서 각각 100건씩 새로운 기술을 민간에 선보여 지금까지 군이 공개한 기술은 총 2,929건에 달한다. 하지만 5년간 군수 기술이 민수로 이전돼 이용된 실적은 초라하다. 2013~2018년 동안 국방 기술의 기술 이전 계약 건수는 총 336건인 것으로 나타났다. 기술 이전을 받은 뒤 민수품 생산으로 이어진 것은 이보다 적은 24건으로, 공개된 기술의 0.8% 수준이다. 매출 총액도 413억 5,200만 원으로 집계되고 있다. 국방 기술이 국내 산업계가 요구하는 기술과는 거리가 있거나 산업계에 적용하는 능력이 부족하다는 것을 방증하는 셈이다.

이러한 현실은 독일의 연구 생태계와 대조적이다. 기초 연구에는 자유롭게 집중하되, 기초 연구가 어느 수준에 이르면 상용화를 기획하는 독일의 분위기와는 말이다. 하지만 기초 과학자에게 상용화를 직접 할 것을 요구하지 않는다.

황지광 연구원은 "독일 연구소에서 일을 하면서 상용화 하라는 것을 들어본 적도 있다. 상용화가 필요하다고 판단하면, 이를 담당할 사람을 뽑아서 상용화를 한다. 이곳은 맨 파워가 더 필요하다고 박사 후 연구원을 더 구해달라고 요구할 수 있다"고 한다. 기초 연구에 집중하는 과학자가 있다면, 반드시 이 결과물을 어떻게 상용화하고 산업계에 팔지 고민하는 직급과 부문이 분리되어 있다. 그러면서도 이 시스템은 탄탄한 재정 기반 위에서 독립적이고 자율적으로 운영되고 있다. 이것이 현재 독일의 산업계를 뒷받침하고 있는 힘이다.

한국형 밀리테크4.0: 산업계·학교와 함께 응용력 터득하라

독일 연구 기관들의 또 다른 경쟁력은 산업계에 생명력을 불어 넣어주는 '응용력'에 있다. 연구소를 중심으로 산업체와 학교가 긴밀하게 소통하며 필요한 핵심 기술을 시의 적절하게 공급해주고 있다. 막스플랑크연구소는 물론이고 헬름홀츠연구소, 라이프니츠연구소는 기초 학문에 집중하면서도 실용화에 대한 관심의 끈을 놓지 않고 있다.

헬름홀츠연구소의 오트마르 비스틀러Otmar Wiestler 총재는 "우리는 미래의 에너지원은 무엇인지, 미래의 개인 이동 수단은 무엇이 될지 등 거대한 주제에 대한 연구를 한다"며 기초 연구의 중요성을 강조했다. 하지만 비스틀러 총재는 "일찍부터 연구원과 기업체의 직원이 협력하도록 해 합동 프로젝트를 만들고, 상용화를 준비하도록 하고 있다"며 연구소 운영 철학을 밝혔다.

예를 들어 배터리를 연구하는 연구소가 지멘스나 바스프, 벤츠, BMW 같은 자동차 제조사들과 초기에 파트너십을 체결하고 개발을 함께 시작한 뒤, 산업체에서 이를 넘겨받아 시장용 제품 개발까지 마무리하는 식이다. 기업과 연구소 모두가 관심 갖는 분야를 종합해 연구를 진행하면 연구 진행 속도가 훨씬 빠르다며 비스틀러 총재는 연구소와 산업체 간의 '전략적 파트너십'을 강조한다.

이는 연구원이나 대학원생을 선발하는 과정에도 반영된다. 독일은 연구소 소장이 대학교수를 겸직하는 경우가 많다. 동시에 연구소는 기업 등 민간 영역과 공동 연구를 수행한다. 산업체와 연구소, 대학이 연구 프로젝트 자체를 함께 기획하고, 이를 수행할 연구원이나 대학원생을 선발하고 계약을 맺는다. 이들은 3년이면 3년, 5년이면 5년 정해진 기간 동안 해당 연구를 수행한 결과를 이용해 논문을 쓰면 되니, 연구 결과가 붕 뜰 가능성이 현저히 줄어드는 것이다.

한국형 밀리테크4.0: 인재 육성·활용 방안을 구체화하라

각국의 여러 사례가 있기는 하지만, 국가의 크기와 환경, 시스템상 가장 한국에 적합한 인재 육성·활용 모델은 이스라엘 탈피오트의 제도라고 볼 수 있다.

실제로 2019년 1월 청와대 청원 게시판에는 '한국형 탈피오트 과정을 연구해주십시오'라는 청원이 올라오기도 했다. 청원은 "이스라엘과 우리나라는 작은 나라이고 의무 복무를 하는 것도 같다. 이러한 이스라엘의 강점은 탈피오트라는 엘리트 집단의 사회적 이익 창출 효과라고 생각하는데 한국형 탈피오트 제도를 연구해 사회적 인재들을 양성하는 것이 필요하다"는 내용이다.

2019년 2월 박원순 시장도 〈매일경제〉와의 인터뷰에서 혁신 구상

중 하나로 탈피오트를 언급했다. 박원순 시장은 "젊은 남성들이 군대를 가 2년 동안 시간을 허비한다는 점이 안타까운데, 그 황금 같은 시기를 스타트업을 할 수 있는 절호의 기회로 삼으면 좋겠다고 생각했다"며 "이스라엘을 보면 국민 개병제를 통해 남녀 모두 군대를 가는데 군 복무 중에 방위산업에 관한 스타트업을 만들기도 한다. 이를 벤치마킹해 서울시가 군 복무 장병들의 스타트업 진출을 위해 예산이나 공간을 제공하는 안을 구상하고 있다"고 밝혔다.

이 같은 인식은 군대와 학교에서도 가지고 있어, 몇 가지 프로그램이 진행 중이다. 그러나 아직 뚜렷한 성과는 나오지 않은 상태다. 대표적인 '한국형 탈피오트'는 2014년부터 진행 중인 '과학기술전문사관' 제도다. 또 다른 사례는 전문연구요원 제도와 고려대학교 사이버국방학과다.

과학기술전문사관은 '교육-복무-창업'이 연계된 우수 과학기술 인력 육성 체계 구축을 목적으로 탈피오트를 벤치마킹해 도입됐다. 우수 인력을 선발, 국방 과학기술 인재로 양성해 장교소위 임관로 ADD에서 3년 동안 의무 복무 수행한 뒤 전역할 때 최고 수준의 R&D 인력으로 활용하거나 기술 창업가로 사회 발전에 기여하도록 하는 목적에서 만들어졌다.

전문연구요원 제도는 과학기술 분야의 연구 인력이 병역 의무 이행으로 인해 연구 활동이 중단되지 않도록 1970년대 도입돼 다소 오래된 역사를 지녔다. 대체 복무제의 일종으로 이공계 석·박사 이상 매년 2,500명을 선발한다. 그러나 2016년 인원 감축·조정을 골자로 하는 방안(2023년도)이 국방부에서 발표됐고, 이공계에서는 국가 주력 산업 성장 및 경제 발전 측면에서 제도 유지를 주장하고 있는 상태다. 이에 전문연구요원 제도의 운영 방향을 새롭게 모색할 필요성이 제기되고 있다.

문제는 현재의 과학기술전문사관 제도가 전문연구요원 제도와 큰 차별성이 없다는 지적을 받는다는 점이다. 과학기술전문사관 제도가 현역병이 아닌 연구를 할 수 있는 전문 장교로 복무 가능하다는 장점 외에는 변별력이 없어 월등히 매력적인 제도로 인식되지 못한다는 평가다.

오히려 과학기술전문사관 후보생으로 선발됐다가 자타의 이유로 인해 해임됐을 경우, 등록금 및 장려금을 모두 사후 반환해야 하는 등 불이익을 받을 수 있다고 이해하는 부분도 있다고 한다. 즉, 병역 의무 이행만을 중시한다면 석사 취득 후 박사 과정 입학과 동시에 전문연구요원 제도 편입을 신청하는 것이 경력 단절 없이 학업을 지속하는 방법으로 보는 측면도 있다는 얘기다.

KAIST 안보융합원은 '군 자원을 활용한 과학기술 인력 양성 방안 수립 연구'에서 과학기술전문사관 지원은 국방 과학기술 분야에서 연구하고 국가에 기여할 수 있다는 점과 함께 떳떳이 군 복무를 할 수 있다는 애국심 등의 순수한 동기에서 비롯됐을 것이라고 추측했다. 물론 복무 후 국방 과학기술 영역에서 관련 분야의 기술 벤처 창업을 할 수 있다는 창업 희망 역시 1기, 2기 과학기술전문사관 후보생들의 지원 동기 중 상당 부분을 차지했다고 짚었다. 이러한 장점을 더욱 강조하는 것이 한국형 탈피오트를 싹틔우는 데 필요하다는 분석인 셈이다.

▶ 한국에서는 과학기술전문사관 제도, 전문연구요원 제도, 고려대학교 사이버국방학과 등 한국형 탈피오트를 표방하는 시스템이 계속 도입되고 있다.

마지막으로 고려대학교 사이버국방학과가 있다. 고려대학교 사이버국방학과는 사이버 테러 위협에 대처할 사이버 보안 전문 인력 양성을 목표로 2012년에 도입됐다. 전액 장학금에 연간 600만 원 정도의 전문 역량 개발비가 주어진다. 대학 입시 때 수능 수시와 정시로 선발하고, 후보생 기간 4년에 8주 동안의 장교 훈련을 받는다. 의무 복무 기간은 7년으로 국군사이버사령부에서 배치되며 대위로 제대한다. 탈피오트와 비슷한 체제이지만 사이버 보안에 특화돼 있는 과정으로 이해하면 된다.

육군사관학교 산학협력단의 정책 연구 보고서인 '우수 과학기술 인재의 국방(軍) 분야 활용 방안 연구'는 "외국의 제도를 표면적으

한국형 탈피오트 발전 방안
① 우수 과학기술 인재 활용을 위해 중·장기적으로 박사급(최소 석사급) 연구 인력 선발
② 현행 대학 2학년 선발 후 2년 교육에서 입학 시 선발 4년 교육 검토
③ 활용 분야 필요 인원과 연계된 전공자 선발 후 탈피오트 식 전담 교육 기관에 수학하고, 실질적인 창업 교육 시행(가칭 '국방 창업 아이디어 심사' 우수자에게 인센티브 제공 검토)
④ 임관 후 활용 분야 확대 방안 모색(가칭 '연구 중대' 창설해 보다 계획적이고 집중적인 연구 진행)
⑤ 활용 기간의 적절성 분석(장기 복무 유도)
⑥ 복무 중 역량 강화 방안(멘토 제도 도입, 군 관련 연구 계획서 또는 창업 계획서 심사)

출처: 육군사관학교 산학협력단

로 단순 도입하는 것에는 한계가 있다"면서도 "전략적 차원에서 선발, 교육, 활용, 지원(교육 제외한 각종 지원 및 복리후생)의 4가지 요소가 같은 수준 및 비중으로 논의되어야 한다"고 정의했다.

첫 번째 요소는 우수 인재를 선발해 군 복무 기간 동안 '활용'하겠다는 접근인지, 우수 인재를 '육성'하겠다는 접근인지 명확한 목표 설정이다. 두 번째 요소는 고등학교 졸업자 중 과학 영재 선발이다. 국가 장학 혜택 아래 우수 교육 기관에서 수학한 후 국방 과학기술 분야에서 군 복무를 하는 제도를 검토해야 한다는 것이다. 세 번째 요소는 합동군사대학, 병과학과, 국방대학교, 각 군 사관학교 또는 기타 교육 기관에 연구 중대 개념의 국방 과학기술 연구 특성화 부대 창설이다. 또 선발된 우수 과학기술 인재에 대한 복리후생 제도를 검토하고 이를 보완할 수 있는 제도 마련을 필요한 요소로 꼽았다.

독일 연구소 인터뷰 ①

산업계에 생명력을 불어넣는 독일 연구소의 응용력

헬름홀츠연구소_오트마르 비스틀러 총재

Q 헬름홀츠연구소가 독일의 대학, 산업체와 협력을 지속해야 한다는 발상은 어디에서 오고, 어떻게 작동하는가?

A 헬름홀츠는 아주 큰 주제의 연구를 한다. 미래 에너지원은 무엇일지, 기후 변화는 왜 오는지, 국민 건강을 증진시킬 방법은 무엇인지, 미래 새로운 개인 이동 수단은 무엇이 될지, 어떻게 차별화된 디지털화를 이끌 것인지. 이 모든 주제에 대한 연구를 진행하려면, 아주 많은 훈련과 노하우, 기반 시설이 필요할 수밖에 없다. 그러다 보면 당연히 강력한 파트너와 협력이 필요하다. 헬름홀츠가 항상 협력에 신경을 쓰는 가장 큰 이유다.

우리는 거대한 조직 안에 모든 연구 분야를 고른 크기로 두고, 협력할 수 있는 강력한 파트너를 찾는다. 같은 학계에서도 올 수 있지만, 산업계에서도 올 수 있다. 우리 연구소는 장기적으로 연구 결과를 응용해서 제품으로 생산할 수 있기를 바라기 때문이다.

Q 시장에서 무엇을 원하는지 어떻게 파악하는가? 시장에서 어떤 기술을 원하고, 어떤 것이 경쟁력이 있을지 어떻게 확인하는가?

A 헬름홀츠협회 산하의 모든 연구소는 기초 연구에 집중한다. 새로운 제품과 공정, 도전의 계기를 새로운 제품과 새로운 실험을 시작하기 위해서는 원리를 이해해야 한다. 기초 연구 결과 새로운 지식

▶ 오트마르 비스틀러 헬름홀츠연구소 총재

을 얻게 되면, 우선 그 지식을 특허권이나 지적 재산권으로 보호해야 한다. 이후 연구 결과를 다양하게 사용할 방법을 찾는다.

때때로 초반부터 기업과 함께 일을 한다. 대기업 또는 중소기업과도 연구 결과를 상품으로 내놓기 위해 협업한다. 가끔 스타트업 기업 설립을 지원하기도 한다. 헬름홀츠연구소에는 스타트업 기업을 지원하는 프로그램이 있지만, 이후에는 시장에서 스스로 펀딩을 받아야 한다.

헬름홀츠연구소와 협업하는 유인책으로서 헬름홀츠연구센터를 이용할 수 있게 해준다. 이노베이션 랩이라고 불리는 뛰어난 시설이 있는 실험실에서 기업체 파트너 연구원은 스스로 연구하고 개발을 계속할 수 있다. 연구소와 기업에 속한 연구원들이 애초부터 연구를 함께 기획하고, 상용화까지 함께 구상하는 것이 중요하다. 이 점은 내가 경험으로부터 얻은 점이다.

Q 스타트업 기업 같은 중소기업들이 어떤 지원을 가장 필요로 한다고 보는가?

A 일단 독일은 많은 스타트업 기업을 지원할 재정이 충분하지 않다. 미국이나 싱가포르, 이스라엘, 아마 한국도 젊은 기업가들이 스타트업 회사를 설립할 수 있도록 충분한 벤처 기업 지원 재정을 가지고 있을 것이다. 하지만 독일은 비교적 적은 벤처 기업 지원 재정을 가지고 있다. 이런 기업들이 헬름홀츠연구소의 자금 지원을 통해 첫 고비를 넘길 수 있도록 돕는다. 그리고 신생 업체는 헬름홀츠연구소와 협력하며 일할 수 있다.

스타트업 기업을 위한 또 다른 전략은, 젊은 과학자들에게 경영 교육을 받을 기회를 초반부터 제공하는 것이다. 독일에는 회사를 경영하겠다는 젊은 과학자들이 거의 없기 때문이다. 이는 실리콘밸리, 이스라엘, 싱가포르에 비교해봤을 때 아주 다른 모습이다.

독일의 문제점은 젊은 과학자가 창업을 시도했다 실패했을 때, 재기가 어렵다는 것이다. 한국도 비슷한 문제를 가지고 있을 것 같다. 캘리포니아나 이스라엘에서 이들은 바로 다시 새로운 시도를 한다. 청년층이 창업을 여러 번 시도할 수 있게 격려하고 성공하지 못한 경우에 다시 헬름홀츠센터로 돌아올 수 있게 기회를 줄 필요가 있다. 이것은 일종의 안전장치인 셈이다. 모든 독일의 기관은 신생 기업과 청년 기업가들에게 더 많이 투자해야 한다고 생각한다. 현재 독일은 이 점에 약점을 갖고 있고, 아마 독일이 약점을 보이고 있고 아마 한국도 비슷한 상황일 것이다.

Q 미래의 성장 동력이 되어줄 핵심 기술은 어떤 기술인가?

A 거의 모든 분야에서 확실한 성장 동력으로 되어줄 수 있는 것은 AI라고 본다. 헬름홀츠연구소도 AI 중요성을 강조하고 있다. AI와 관련해서 더 많은 정보와 데이터를 생산하고 있다.

이제 "새로운 방식과 기술, 지식을 창출하기 위해 미래에 이 데이터를 어떻게 사용할 것인가?"라는 핵심 질문이 남는다. 이 질문은 의학, 물리학, 모빌리티에서도 중요한 의미를 가진다. 지구와 기후를 이해하거나 산업체에서 생산을 하는 데도 필수적이다. 일상생활의 행정을 처리하는 데도 중요한 역할을 할 것이다. 정보 처리, 기계 학습, AI 분야에서 개발된 새로운 기술을 다른 분야에서 어떻게 활용할 것인지도 중요한 질문 중 하나다. 개인적으로 이것이 미래를 결정할 것이라고 본다. 연구 시설과 경제 성장, 우리 미래 사회를 결정하게 될 것이라고 본다.

정보 처리 및 AI의 디지털화란 새로운 과정에서 중요한 전제 조건은 혁신적인 젊은 데이터 전문가들이 필요하다는 점이다. 또 정보 처리와 디지털화에서 많은 노하우를 이해하면서도 AI를 광범위한 연구나 산업, 일상생활 분야에 적용할 수 있는 능력을 가질 수 있도록 젊은 데이터 전문가들을 교육해야 한다. 또 연구 분야와 산업계가 AI 기술을 현명하게 받아들일 수 있도록 해야 한다. 이것이 과학과 경제, 우리 사회가 직면하게 될 가장 큰 도전일 것이다. 한국, 중국, 유럽, 아프리카 어디나 마찬가지다.

독일 연구소 인터뷰 ②

과학자, 기업가의 자질 모두 요구하는 프라운호퍼

프라운호퍼연구소_라이문트 노이게바우어 총재

Q 4차산업혁명에서 가장 중요하다고 생각되는 핵심 기술들은 무엇이라고 생각하는가?

A 4차산업혁명의 필수 핵심 요소 4가지를 언급하고 싶다. 첫째로 정보 보안이다. 내가 말하고자 하는 정보 보안은 해킹 같은 외부 요소들에 대한 보안뿐 아니라 우리가 보유하고 있는 정보들을 보존하고 보호하는 것까지 의미한다.

두 번째는 인터페이스가 필요하다. 다른 분야들 사이에서 협의를 이끌어내고, 서로 이해 가능한 설명을 위해서는 공통된 기준을 통한 상호 호환성이 필요하다. 이때 의사소통을 도와주는 도구가 바로 참조 모형 'RAMI'다. 독일과 유럽에서, 큰 경제는 데이터 교환을 위해서 이러한 모형을 이용하고 있다.

세 번째는 5G 같은 빠른 데이터 전달 속도다. 촉감 인터넷_{Tactile} _{internet}이라는 이름의 시스템을 개발해 사용하고 있다. 이는 0.1ms 만에 서로 데이터 교환이 가능한 속도를 의미하는데, 기존에 우리가 갖고 있던 70ms에 비해 700배나 빠른 속도다. 인간이 가지고 있는 반응 속도 중 가장 빠른 것이 촉각이라고 생각해, 촉각 인터넷이라는 이름을 따왔다.

마지막은 딥러닝이다. 4차산업혁명 시대에 기계는 스스로 패턴을 파악하고 분석하며, 그를 이용해 스스로 결정할 수 있어야 한다.

▶ 라이문트 노이게바우어 프라운호퍼연구소 총재

Q 프라운호퍼가 독일 내 다른 연구소와 다른 점은 무엇인가?

A 독일에는 이미 100년이 넘게 임무 중심의mission-oriented 과학 시스템을 갖추고 있다. 먼저 언급할 것은 대학이다. 대학은 연구에 기반한 교육을 토대로 이러한 과학 시스템의 토대가 되어주고 있다. 둘째로 막스플랑크연구소다. 막스플랑크연구소는 양자 물리학 같은 기초 과학을 주 종목으로 연구하는 기관이다. 다음은 헬름홀츠연구소인데 큰 연구 시설을 기반으로 선박, 극지방, 기후, 에너지, 지구 등 보다 더 거대한 주제들을 주로 연구하는 기관이다. 또한 헬름홀츠연구소는 독일건강연구센터도 갖추고 있다. 라이프니츠연구소는 예산 조달을 원활하게 하기 위해, 주 정부뿐 아니라 연방 정부의 지원까지 받고 있다. 이 연구소는 자연 과학이나 공학에 대한 연구도 조금은 진행을 하지만 그보다는 경제, 예술, 철학 등과 같은 학문을 주로 연구하는 기관이다.

프라운호퍼연구소는 앞서 언급했던 대학과 막스플랑크의 기초 연구 결과, 헬름홀츠의 시설, 라이프니츠의 결과물을 독일 경제로 밀어 넣기 위해 이어주는 다리 역할을 한다. 이를 위해 프라운호퍼연구소의 리더는 2가지 덕목을 갖춰야 한다. 첫째, 세계적으로 인정받는 연구자여야 한다. 둘째, 역시 성공한 사업가여야 한다. 스스로 현재의 산업이 어떠한 것들을 필요로 하고 있는지 파악할 수 있어야 하기 때문이다.

우리는 이것들을 토대로 MP3와 LED 같은 발명품을 만들어냈다. 이것이 의미하는 바는, 프라운호퍼에서 나오는 프로젝트와 제품들, 그 과정과 사업 모델에 대한 아이디어들은 독창성을 갖추고 있어야 한다는 것이다. 프라운호퍼를 역동적으로 만드는 이것들은 자금 조달 모델이자 연구 모델이기도 하다.

프라운호퍼연구소의 모델은 크게 세 영역으로 나눌 수 있다. 첫째는 연방 정부와 주 정부에서 오는 기초 지원금이다. 이는 전체 예산의 30% 정도를 차지한다. 7억 5,000만 유로 정도 된다. 30%는 완벽한 기초 연구와 뛰어난 독창성을 위한 자금이다.

둘째는 다른 연구 기관들과의 경쟁을 통해 얻어내는 자금이 있다. 연방 정부와 EU의 연구 프로그램에서 따오는 것으로 기초 자금 지원은 아니다. 지속 가능한 에너지, 자율주행 시스템, 특별한 건강 관련 문제들에 대한 연구들이 이에 해당한다. EU나 연방 정부, 또는 때때로 바이에른주 같은 큰 주에서는 이러한 연구 프로그램들을 갖추고 있다. 대학이나 연구소 같은 기관들에서 제안서를 제출해 지원금을 받는 형식이다.

셋째는 산업계다. 많은 회사가 해결해야 할 문제들을 가지고 있다. 단 하나의 회사라도 예외가 아니다. 예를 들어 자동차 산업에서 배터리 셀 기술력은 폭스바겐, BMW, 벤츠, 현대 등 모든 자동차 회사가 해결해야 할 문제인데, 이 문제를 해결함으로써 우리는 자금 조달을 받는다.

Q 연구소 간의 경쟁 체제를 도입한다고 했는데, 연구원의 입장에서 개인적으로 받을 수 있는 연봉이 늘어나는 구조인가? 아니면 해당 연구소의 연구비가 늘어나는 것인가?

A 우리는 연구 결과의 성공을 보상받는 독특하고 색다른 시스템을 갖추고 있다. 프라운호퍼연구소의 기관들 중 한곳이 한 해 동안 산업계와 협력해 좋은 성과를 내면, 다음 해에 더 많은 기초 자금을 지원받게 된다. 두 번째로, 연구원 개개인들의 성과에 대한 시스템도 갖추고 있다. 연구자들이 괄목할 만한 성과가 있을 경우, 개인 역시 성과금을 받게 된다. 그 연구자들이 특허의 소유권을 갖고 있을 경우, 기술료의 30%를 개인적으로 지급받게 된다. 매년 이렇게 그들이 받는 돈이 100만~200만 유로에 육박하는 데도 불구하고 그들은 자전거를 이용해서 출퇴근한다(웃음). 이것은 큰 동기 부여가 된다.

Q 정부 차원에서의 연구소가 세워질 필요성이 있다고 말했는데, 그 이유는 무엇인가.

A IT 시큐리티IT security, 초소형 전자 공학micro electronics, 사회 기반 시설infra structure 등의 영역에서의 보안이 필요하기 때문이다. 중소기업

들로부터 새로운 제품이 개발될 때, 정부 차원의 높은 수준의 보안 시스템이 요구되고 있다. 인터넷 영역에서 사이버 보안 문제라든가, 사회 기반 시설에 대한 보안은 정부의 책임 아래 있다. 한쪽에서는 연구소가 산업계에 혁신의 바람을 불어 넣을 수 있다. 또 다른 한편으로는 기업이 만들어낸 생산물은 IT와 사회 기반 시설 등의 보안을 강화시킬 수 있는데, 이는 정부의 책임이다.

한국형 탈피오트에 대한 조언 ①
국방에 기여한 인재에게 취업을 보장하는 시스템을 구축하라
클랄 바이오텍_오페르 골드버그 부사장

Q 탈피오트 출신으로서 경험을 듣고 싶다. 지금 하고 있는 일은 무엇인가.

A 탈피오트 전역자다. 전역한 지 25년 정도 됐다. 스타트업에 투자하는 일을 하고 있다. 주로 디지털 헬스 분야에 투자한다. 탈피오트는 이스라엘의 욤 키푸르 전쟁 패배 이후 필요성에 의해 1979년 창설됐다. 아랍 국가들과의 대결에서 맞설 수 있는가를 자문했을 때, 필요한 것은 최첨단의 기술을 어떻게 빠르게 군에 접목시킬 수 있는가가 목표였다. 탈피오트의 성격은 엘리트 과학자+애국심+최첨단 기술이라고 할 수 있다.

알다시피 탈피오트에서 고도화된 기술들은 일반인 사회에 이전된다. 이것은 탈피오트의 또 하나의 긍정적 외부 효과다. 인적 자원도

▶ 탈피오트 출신인 오페르 골드버그 클랄 바이오텍 부사장

비슷하다고 보면 된다. 탈피오트 출신 중에 새로운 기술이나 창업 기업에 투자하는 일을 하는 사람이 많다. 창업 토대가 계속 배출되는 것이다.

Q 한국에도 이 같은 선순환 모델이 필요하다.

A 탈피오트는 엘리트 육성 시스템이라는 것을 알아야 한다. 고등학교를 졸업한 친구를 모아서 대학을 입학시키는 동시에 군에 대해서도 알아가게 만드는 시스템이다. 대학에서 배우는 어떤 기술을 군에 접목시킬 수 있는지가 중점이다. 그냥 고학력자들을 데리고 오는 것이 아니다. 문제점을 보고 이에 대응하는 정답을 개발하는 것이 기술력이다.

기술의 활용은 식별부터 시작한다. 위협을 정확히 알아야지만 위협에 대한 정답을 알 수가 있다. 이를 위해 두 분야의 전문가가 필요하다. 문제에 대한 전문 지식이 많은 이와 문제에 대한 해결 방안을 내놓을 수 있는 이를 찾아내서 함께 일할 수 있는 시스템을 만드는 것이다. 이게 탈피오트의 인재 육성의 핵심이다.

Q 한국형 탈피오트를 만들고자 할 때, 필수 조건은 무엇일까?

A (한국도 징병제임에도) 군 기피가 가장 큰 문제로 보인다. 이스라엘에서 군대는 국민들과 맞닿아 있는 존재다. 대부분의 이스라엘인은 군대를 가야 한다고 생각한다. 정보 부대인 8200부대$_{Unit8200}$와 탈피오트 등 특수 부대에 종사를 하면, 제대한 후 취업이 보장되는 사회 분위기가 형성돼 있다. 기대감과 안정감을 갖고 복무를 할 수 있는 것이다.

고등학교 때부터 군대에 대해 잘 알 수 있는 기회가 많다. 군대에 대해 바른 이해가 가능하게 된다. 최근에는 탈피오트와 고등학교가 같이 연합해 '락슝'이라는 커리큘럼을 제공한다. 이과 공부와 리더십 공부가 그것이다. 컴퓨터 사이버 분야에서 높은 수준의 교육을 받는다. 어렸을 때부터 확실한 방향을 잡아 시작하는 게 좋다.

Q 군-산-학軍-産-學의 유기적인 조직이 원동력으로 보인다.

A 삼성, 현대차, LG 등 좋은 기업이 많은 것으로 알고 있다. 한국이 작정을 하면 북한의 재래식 무기를 억압할 수 있는 기술을 많이 만들어낼 것이라고 본다. 문제는 선택이다. 밖에서 보면 한국은 이미 북한과 비교가 되지 않는 최첨단 국가다. 그런데 왜 국방 분야의 첨단 기술을 개발하는 데 더 집중하지 않는지 궁금하다.

이스라엘에서 성공하는 기업은 군을 도와주려고 한다. 군에게도 좋고, 결국 나라에도 좋은 관계가 된다. 이스라엘은 삼성 같은 글로벌 대기업이 없지만, 성공하려는 기업은 군 관련 분야로 관련되고 싶어 한다. 이스라엘에서 군대라 하면 총이 아니라 아이언 돔_{전천후 이동식 방공}시스템이나 정찰 능력, 차세대 전투기를 생각하기 때문이다. 군은 이스라엘의 발전을 도모하는 단체라는 인식이 강하다. 첨단 기술 분야에서 먼저 앞서 나가서 나라를 이끄는 역할, 실제로 이스라엘 경제를 견인하는 역할도 한다. 이스라엘 관료 중에서 군 출신이 많은 것도 이런 이유에서다.

한국형 탈피오트에 대한 조언 ②
한국형 탈피오트, 어떻게 가능할까?
육군사관학교 심리경영학과_이민수 교수

Q '우수 과학기술 인재의 국방(軍) 분야 활용 방안' 연구 보고서를 만들게 된 계기는 무엇인가.
A 우수 과학기술 인재에 대한 군의 수요는 지속적으로 증가하고 있으나, 실제 국방 과학기술 전문가와 연구 인력은 매우 부족하다는 현실 인식 때문이다. 국방 과학기술 발전을 위해 가장 시급한 과제는 부족한 우수 인력의 확충 및 육성이며, 이를 위해 군·산·학의 유기적인 협력 체계가 절실하다는 것을 인식하게 됐다. KISTEP 자료에 따르면, 우리나라의 상근 연구원 수는 세계 6위권이며 인구

▶ 이민수 육군사관학교 심리경영학과 교수

1,000명당 연구원 수도 매우 높다. 연구원 중 과학기술 분야 전공자가 85% 이상을 차지하고 있으니, 국가적으로 우리나라 과학기술 인재의 풀pool은 우수하다고 볼 수 있다.

그러나 과학기술 인력 및 우수 과학기술 인재의 국방 과학기술 분야 활용도는 여전히 낮다. 핵심 기술은 여전히 선진국에 의존하고 있고, 국내 방위산업체의 첨단 무기 개발은 선진국과 비교해 경쟁력이 미흡한 수준으로 평가받는다. 우수 과학기술 인재의 국방 분야 활용은 국방 과학기술의 진흥을 통해 자주 국방을 실현하고, 방위산업 육성을 통한 신경제 성장 동력을 창출하는 데 큰 도움을 줄 수 있다. 사회(學)에서 이미 양성된 우수 과학기술 인재들을 군(軍) 복무 기간 동안 경력 단절 없이 국방 과학기술 발전에 활용하고 역량을 강화시켜 사회로 다시 환원시키는 방안을 모색해보는 것이 연구의 목적이었다.

Q 한국의 군·산·학이 왜 아직 부족하다는 지적이 나오는 것인가?
A 과학기술 인재에 대한 군·산·학의 협력이란 '교육(學)-병역(軍)-취업·창업(産)'으로 이어지는 우수 과학기술 인력의 육성 체계가 얼마나 유기적으로 작동하느냐의 문제다. 하지만 협력 체계의 세 주체인 학교대학, 군, 기업의 이해관계가 상충하는 경우가 많다.

학교 입장에서는 학교가 배출한 과학기술 인재들이 군 복무 중에도 본인들이 공부했던 분야에서 지속적인 역량 개발과 연구를 할 수 있는 병역 제도를 원한다. 반면 군의 입장에서는 전 국민을 대상으로 하는 병역 제도이기에 형평성을 반드시 고려해야 하며, 이러한 인재들의 역량이 실제적인 군 전투력 증강에 도움이 되기를 바란다. 또 기업들은 일부 방위산업체를 제외하면 국방과 직접 연관된 기술보다 제품 개발 및 이윤 창출에 도움이 되는 기술을 지닌 인재들을 원한다. 이러한 이해관계의 충돌을 조율하고 시너지 효과를 유도하기 위한 국가 차원의 종합적인 계획과 제도가 부족하기에 한국의 군·산·학이 부족하다는 평가를 받는다.

물론 군이 원하는 기술을 지닌 인재가 대학에서 배출되고, 이러한 인재들이 군의 적재적소에 배치되어 실제적인 국방 과학기술 발전에 기여한다는 것이 말처럼 쉬운 일은 아니다. 국방 R&D는 민간이 기피하거나 접근하기 곤란한 비경제적 기술과 고도의 보안성이 요구되는 기술 개발을 주요 대상으로 하기 때문에, 투자의 효율성이 일반 국가 R&D에 비해 현저히 낮다는 내재적 한계를 지닌다. 우수 국방 과학기술 인재의 선발-교육-활용에 대한 군, 과학계, 산업계의 주기적인 소통 노력과 이를 통한 마스터플랜 작성이 시급한 이유다.

Q 현행 과학기술전문사관 제도와 전문연구요원 제도의 문제점과 개선 방안은 무엇인가?

A 우수 과학기술 인력에 대한 우리나라의 대표적인 병역 지원 제도가 과학기술전문사관 제도와 전문연구요원 제도다. 과학기술사관 제도는 '탈피오트'를 벤치마킹해 2014년에 신설된 제도다. 주로 KAIST 같은 과학기술특성화대학 학생들이 대상이며, 매년 25명 정도를 선발한다. 학교를 졸업하면 장교 신분인 현역 연구원으로서 ADD에서 3년간 복무하고 제대한다. 과학기술사관 제도의 경우 역사가 짧아 2017년에 임관한 1기가 2020년이 되어야 전역을 하므로 아직 제도의 효과성을 정확히 평가하는 것은 어렵다.

하지만 제도가 만들어진 취지와 목적이 달성되고 있는지는 살펴볼 수 있다. 과학기술사관 제도의 목적은 최고의 대학에서 국방 과학, 전공 및 창업 교육을 받은 엘리트 과학기술 인재들이 ADD 등에서 의무 복무를 하며 국방 연구 개발 업무를 수행하고, 전역 후에는 진학·취업·창업을 통해 국방 과학기술을 민간에 이전함으로써 국가 경쟁력을 강화하는 것이다.

먼저 과학기술사관 제도의 구체적 목적이 교육을 통한 우수 과학기술 인재 양성에 있다면 지금처럼 학사 인력을 선발해도 무방할 것이다. 그러나 실제 국방 과학기술 문제에 우수 과학기술 인재를 활용하려는 것이라면, 박사급(최소 석사급) 이상의 연구 인력을 선발하는 것이 타당해 보인다. 중장기적으로 석사 또는 박사 이상으로 수준을 상향하는 것이 바람직해 보인다. 수준 상향이 결정된다면 과도기 동안은 학위 수준별 별도 트랙으로 관리하고, 향후 전문연구요원 제도의 감축 및 조정과 연계해 제도를 통합할 수도 있을 것이다.

교육 측면에서는 현재의 교육 내용이 이스라엘의 탈피오트처럼 실제적인 국방 과학기술 문제를 해결하는 데 필요한 역량들을 배양하고 있는지 대학과 군이 함께 고민해봐야 한다. 3년이라는 복무 기간 동안 실제 국방 과학기술 발전에 활용되기 위해서는 더 구체적이고 체계적인 교육 과정이 필요할 것이다. 탈피오트급 제도를 위해 이스라엘의 히브리대학교처럼 전담 교육 기관을 지정하고, 2년이 아닌 4년으로 교육 기간 확대를 고민해볼 수 있다. 아울러 군의 활용 분야 소요와 연계된 전공자를 선발해 보다 특화된 국방 과학기술 관련 교육을 실시해야 한다.

활용 측면에서는 임관 후 활용 분야와 직위를 더욱 확대해야 한다. 지금처럼 ADD에서의 활용만으로는 실질적 활용이 제한되고 ADD의 관리 부담도 가중되기 때문이다. 국방연구원KIDA, 국방기술품질원, 777부대, 합동군사대학교, 병과학교, 국방대학교, 사관학교 등 추가로 활용 가능한 곳을 발굴하고, 향후에는 인적 자원 수준별로 활용 가능한 직위가 무엇인지 검토할 필요가 있다.

1973년 최초로 도입된 전문연구요원 제도는 석사 이상 학위 소지자가 국·공립 및 정부 출연 연구 기관, 민간 기업 부설 연구소 등에서 3년간 연구 업무에 종사하며 병역을 이행하는 제도다. 두 제도의 가장 큰 차이점은 과학기술사관은 학사 학위 소지자로서 현역 근무, 전문연구요원은 석사 학위 이상 소지자로서 연구소에서 보충역으로 근무하는 것이라 할 수 있다. 병역 자원이 지속적으로 감소함에 따라 2016년 5월 국방부는 전문연구요원 제도를 포함한 병역 특례 제도를 단계적으로 폐지하겠다고 밝히고, 매년 2,500명을 선발하던 전문연구요원 배정 인력을 계속 줄이고 있다.

반면 과학기술정보통신부 등 이공계에서는 국가 주력 산업 성장 및 경제 발전 측면에서 제도의 유지를 주장한다. 특히 전문연구요원에 편입해 군 복무를 마치던 4대 과학기술원 학생들 중 일부가 전문연구요원이 되지 못하게 되자, 이공계 인력의 해외 유출과 의과대학 진학을 우려하고 있다. 전문연구요원 제도 감축에 대해서는 국가 경쟁력 강화라는 국가적 차원의 요구와 병역 형평성 제고라는 국방부 차원의 요구가 조화를 이뤄야 한다. 병역 자원 감소에 따른 전문연구요원의 감축 및 조정이 불가피하다면, 전문연구요원의 수는 줄이되 인적 자원의 수준(핵심 과학기술 인력의 비율)은 향상시켜야만 고급 과학기술 인력이 양성될 수 있을 것이다. 아울러 전문연구요원 제도가 가지는 있는 병역 특혜 이미지를 제거하기 위해 전문연구요원의 복무 관리를 개선할 필요가 있다.

Q 한국에 밀리테크4.0 시대를 열기 위해서 해야 할 노력은 무엇인가?
A 4차산업혁명 시대 군-과학 기술의 접목을 위해서는 무엇보다 군과 과학계가 과학기술 인재의 국방 활용 중요성에 대해 공감대를 형성하고, 상호 이해와 지원을 아끼지 않아야 한다. 한 나라의 과학

기술력은 군사력과 경제력 가운데 어느 한 가지에만 중요한 요소가 있는 것은 아니다. 군-과학기술이 접목된다면 군사력과 경제력을 동시에 높일 수 있고, 결국 이것이 국가 경쟁력 강화의 중요한 원동력이 될 수 있을 것이다.

군은 우수한 과학기술 인력들을 적재적소에 배치해 국방 과학기술 발전에 활용하고, 경력의 단절 없이 사회로 환원시키는 효과적인 병역 지원 시스템을 구축해야만 한다. 이 과정에서 가장 중요한 것은 국방 과학기술 인재에 대한 명확한 소요 분석이 선행되어야만 한다는 점이다. 단순히 매년 어떠한 병역 제도를 통해 일정 인원들을 뽑아 복무하게 한다는 개념이 아니라, 실제 군에 필요한 분야와 역량을 미리 식별해 체계적인 선발-교육-활용이 이뤄지도록 해야 한다. 국방 과학기술 발전을 위한 군의 요구와 개인적 경력 개발의 욕구를 일치시켜주는 노력이 핵심 지향점이 돼야 한다. 그래야만 과학기술 인력에 대한 병역 지원 제도로 인한 병역 특혜 시비나 인적 자원의 낭비를 방지할 수 있기 때문이다.

다행스러운 것은 이러한 논의와 구체적인 노력들이 최근 군에서 적극적으로 이뤄지고 있다는 점이다. 그 예로 최근 48만여 명의 인적 자원을 보유하고 있는 육군이 'Army Vision 2030'의 한 축으로 '첨단 과학기술군'을 천명하고 첨단 과학기술의 테스트베드 역할을 자임하고 나섰다. 이를 위해 4차산업혁명 시대 핵심 기술인 AICBM(AI, Cloud computing, Big data, Mobile)을 군사적으로 활용하기 위한 다양한 연구센터를 설립하고 있다. 이러한 노력들이 국방 과학기술 인력에 대한 정확한 소요 분석과 실질적 활용을 위한 매우 의미 있는 전진이라고 평가한다.

또 하나의 획기적 시도는 2019년 신설된 모집병 특기인 '군사과학기술병'이다. 용사 신분인 이들은 앞서 언급된 여러 연구 센터와 국방 과학기술 관련 부대에 배치돼 자신들의 전문 역량을 발휘할 기회를 얻고 있다. 용사 신분임에도 이들의 다양한 의견이 적극 받아들여지고 원활한 의사소통이 가능해진다면, 간부 연구원 패러다임에서 용사 연구원 패러다임으로의 전환도 가능해져 엄청난 시너지 효과를 낼 수 있을 것이라 기대한다. 여기에 이스라엘 엘리트 부대들이 실시하는 것과 유사한 체계적인 사전 교육 프로그램만 개발된다면 군이 과학기술 인력의 집합소이자 역량 개발 인큐베이터로서의 역할을 충분히 수행할 수 있을 것이다.

마지막으로 국방 R&D 효과성의 내재적 한계점을 인식하고 우수 과학기술 인재를 국방 분야로 유인할 수 있는 정책적 논의가 군은 물론 정부 차원에서 주기적으로 이뤄져야 한다. 이러한 논의를 바탕으로 병역 제도를 포함해 ADD의 R&D 인력 수급을 위한 실질적인 제도들을 보완해야 할 것이다. 아울러 체계적인 국방 과학기술 인재 관리를 위한 학學·군軍·연硏·산産 간 선순환 구조를 정립할 필요가 있다.

10
과학기술
인재 양성

밀리테크4.0 인재

과학기술 인력에 대한 최초의 개념적 정의는 1995년 'OECD 캔버라 지침서'라고 불리는 〈과학기술 인력 측정에 관한 지침서〉에서 등장한다. 이 지침서는 '과학기술 인력'을 실제 또는 잠재적으로 과학 및 기술 관련 지식의 체계적 생산, 발전, 확산, 적용과 관련된 분야에 종사하는 인적 자원으로 언급하고 있다. 오늘날에는 과학기술 분야에 종사하거나 종사할 수 있는 전문 학식, 기술, 능력을 갖춘 사람을 과학기술 인력으로 부르고 있다.

눈여겨볼 만한 사실은 밀리테크4.0 시대를 맞아 국방 분야에서 우수 과학기술 인재에 대한 활용 소요가 증가하고 있다는 점이다.

과학기술 인력의 범주

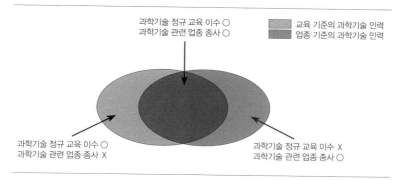

과학기술 정규 교육 이수 ○
과학기술 관련 업종 종사 ○

■ 교육 기준의 과학기술 인력
■ 업종 기준의 과학기술 인력

과학기술 정규 교육 이수 ○
과학기술 관련 업종 종사 X

과학기술 정규 교육 이수 X
과학기술 관련 업종 종사 ○

출처: 캔버라 지침서, 1995

미래 안보 및 전장 환경의 변화를 고려할 때 향후 첨단 무기 체계와 장비 R&D 등 국방 과학기술에 대한 연구 소요가 점차 증가할 것으로 예상된다.

국방 과학기술 분야는 고도의 전문성과 창의성을 요구한다는 점에서 선발, 교육, 활용 등 과학기술 인재에 대한 체계적인 관리와 이들을 적재적소에 활용하기 위한 체계적인 인재 관리가 필요하다. 이에 따라 국방부에서도 사회에서 이미 양성된 우수 과학기술 인재들을 군 복무 기간 동안 경력 단절 없이 국방 과학기술 발전에 활용하고 역량을 강화시켜 사회로 다시 환원하는 체계적이면서도 효율적인 인적 자원 관리 방안을 모색하고 있다. 이른바 '학學·군軍·연硏·산産' 사이의 선순환 구조다.

중요한 사실은 국방 과학기술의 발전이 곧 국가 과학기술의 발전으로 이어지는 촉매제 역할을 할 수 있다는 것이다. 이를 위해서는 우선 국방 R&D의 목적과 역할을 이해하고, 국가 R&D와 국방

국가 R&D와 국방 R&D의 특성 비교

구분	국가 R&D	국방 R&D
목적	미래 예측을 통해 국가 경제 또는 국민의 편익을 도모할 수 있는 기술 개발	군이 필요로 하는 무기 체계 및 미래 전장을 변화시킬 수 있는 기술 개발
개발 목표	시장 창출의 가능성을 입증하는 기술 개발로 개발자 중심의 기술 개발 목표 설정	군의 요구 사항을 충족할 수 있도록 사용자 중심의 기술 개발 목표 설정
소요 재원	정부와 기업체의 공동 투자	대부분 정부 예산
개발 방식	선개발 후검증	선검증 후개발
개발 대상	상품화 이전 단계	실용화(상품화) 단계 포함
시장 구조	국내외 경쟁 시장	내수 중심 독점 시장
최종 단계	시장의 요구에 따라 기술 상용화	무기 체계 적용을 통한 기술 실용화
연구 성과 소유	주관 연구 기관 소유	정부, ADD 소유

출처: "국방 연구 개발 실태 및 개선 방안—타 분야 국가 연구 개발 사업과의 비교를 중심으로",
과학기술정책연구원, 2015.12

R&D의 차이를 이해해야 한다. 국방 R&D의 목표는 높은 수준의 군 요구 성능을 충족하면서 30년 이상 장기간 야전에서 운용될 수 있는 내구성과 안전성을 확보해야 하므로 일반 국가 R&D에 비해 더 많은 투자비용을 요구한다.

또 국방 R&D는 민간이 기피하거나 접근하기 곤란한 비경제적 기술과 고도의 보안성이 요구되는 기술 개발을 주요 대상으로 하기 때문에 국방 R&D 투자의 효율성이 일반 국가 R&D에 비해 낮을 수밖에 없는 내재적 한계를 지닌다. 표에서는 2015년 과학기술정책연구원 연구 보고서(국회예산정책처 연구 용역)에 제시된 내용에 따라 국가 R&D와 국방 R&D의 특성을 비교했다.

우수 과학기술 인재의 국방 분야 활용은 국방 과학기술의 진흥을 통해 자주 국방을 실현하고, 방위산업 육성을 통해 새로운 경제 성장 동력을 창출함으로써 국가 과학기술 향상, 국가 경쟁력 제고, 국력 신장 등 세 마리 토끼를 달성할 수 있다는 데 중요한 의의가 있다. 이러한 목표를 달성하려면 우수 과학기술 인재 양성 정책이 선행돼야 함은 물론이다.

4차산업혁명 인재 양성

우선 4차산업혁명에 대응하기 위한 해외 주요국의 인재 양성 정책을 살펴볼 필요가 있다. 가장 뜨거운 분야는 AI다. 각국은 AI, 데이터 등 4차산업혁명의 핵심 기술 맞춤형 인재를 양성하기 위해 특화된 투자 계획과 정책을 발표하고 있다.

미국의 데이터 과학자 양성 방안, 일본의 AI 기술 전략 실행 계획, 중국의 대학 AI 혁신 행동 계획, 영국의 AI 산업 양성 전략, 프랑스의 AI 권고안 등이 이에 해당한다. 또 ICT 교육 및 재교육을 위한 코딩 부트 캠프 프로그램을 운영하고 있는 이스라엘처럼 주요 국가들은 일자리 변화에 자국의 인력이 적응할 수 있도록 적절한 투자와 인재 양성 전략을 제시하고 있다.

미국은 AI 전문가·연구자 및 데이터 과학자를 양성하기 위한 방안을 마련했다. AI를 경제 성장과 국가 안보 강화를 위한 4차산업혁명의 핵심 기술로 간주하고 관련 인재 양성을 통해 AI 선도국의 위치를 공고화하고자 노력하고 있다. 미국은 대통령 산하 국가과학기술위원회의 AI 기술 및 정책에 대한 권고 사항을 담은 'AI의 미래를 위한 준비' 보고서에서 학제 간 융합 지식을 겸비한 연구자와 전문가 양성의 필요성을 강조하고 있다.

미국 정부는 대학원생 지원, AI 커리큘럼 설계 및 영향 연구, AI 교육 프로그램 인증 등 AI 인력 개발을 주도하고 있다. 미국의 학교와 대학은 필수적으로 AI, 데이터 과학 및 관련 분야를 통합하고 있으며, 교육 기관의 커리큘럼과 교사진 역량을 강화하는 데도 나서고 있다.

일본은 AI 연구 인력의 경쟁력 제고를 위해 ICT 전문가, 학생, 일반 국민 등 모든 인력을 위한 교육 및 지원 방안을 마련했다. 첨단 ICT 인력을 매년 약 2~3만 명, 일반 ICT 인재를 매년 약 15만 명 추가 육성하기 위해 학교 및 기관, 기업의 노력을 강조하고 나섰다. AI 시대에 대비해 빅데이터, IoT, AI 연구를 담당하는 첨단 ICT 인재 양성을 위한 연구비를 지원하고, 인턴십과 해외 연수 기회를 제공하고 있다. 또 일반 ICT 인재와 사용자의 기초 ICT 능력을 강화하기 위해 수학·데이터 교육을 실시하고 프로그래밍 교육 개발을 촉진하고 있다.

일본 문부과학성은 데이터 인재 양성 프로그램을 통해 AI, IoT, 빅데이터, 사이버 보안 등 4차산업혁명을 이끌 인재를 발굴하고 양성하고자 데이터 기반 사회의 생태계 구축을 추진하고 있다.

중국 교육부는 AI 분야의 과학기술 혁신과 인재 양성을 위해 AI 과학기술 혁신 근거지 구축 방안을 제시했다. 2020년까지 대학 과학기술 혁신 및 단과대학 시스템을 완성하고 2025년까지 AI 과학기술 혁신 능력과 인재 양성에서 가시적 성과를 도출한다는 목표다.

중국은 AI, 컴퓨터, 양자 공학, 신경 과학, 인지 과학, 수학, 심리학, 경제학, 법학, 사회학 등 학과 간 상호 통합을 기반으로 단과대학 설립을 구상하고 있다. 또 새로운 복합 전공 양성 모델을 구성해 2020년까지 100개의 'AI+X' 복합 전공도 구축한다. 2020년까지 빅데이터, 정보 통신 관리 등 관련 전공과 융합한 50권의 학부·대학원 교재를 편성하고, 50개의 온라인 강의도 개설한다. AI 분야의 다_多주체 협동 교육 제도를 개선해 2020년까지 50개 AI학교_{학원}, 연구 기관 및 교차 연구 센터 설립도 추진 중이다.

아울러 중국은 AI 인재 양성을 위해 미국 대학과의 협력도 강화하고 있다. 중국 교육부가 2018년 4월 발표한 '중국 대학 AI 인재 국제 양성 계획'에 따르면 중국은 5년 안에 AI 교수 500명, 학생 5,000명 양성을 목표로 하고 있다. AI 학계 권위자인 존 홉크로프트_{John E. Hopcroft}, 제프리 힌튼, 전 구글차이나 사장인 리카이푸 등이 멘토로 참여한다.

이스라엘 혁신당국_{Innovation Authority}은 4차산업혁명의 핵심이 될 하이테크 산업 분야의 숙련된 인력 확충을 목표로 2017년부터 '코딩 부트 캠프'를 운영하고 있다. 코딩 부트 캠프를 통해 잠재적 인력 확충이라는 장기적 목적과 재교육을 통한 기존 노동력 활용이라는 단기적 목적을 달성하겠다는 취지다.

코딩 부트 캠프에서는 하이테크 분야 종사자와 새로운 일자리 구직 희망자에 이론과 실습에 기반한 집중 교육 과정을 제공하고 있다. 프로그래밍 언어 교육, 데이터 과학, 사이버 보안, UX/UI, 디자

해외 주요국의 4차산업혁명 대응 인재 양성 정책

국가	인재 양성 정책
미국	• AI 전문가·연구자 및 데이터 과학자 양성을 위한 방안 마련
일본	• AI 인재 양성을 위해 수준별 교육 및 지원 방안 마련 • 데이터 인재 양성, 고용 불안 해소 및 다양성 확보, 경력 관리 촉진에 집중
중국	• AI 전문가 양성을 위한 대학 기반 인재 양성 시스템 구축
영국	• 정부–산업 간 긴밀한 협력을 기반으로 AI 전문 인력 공급 개선 도모
이스라엘	• ICT 교육·재교육을 위한 코딩 부트 캠프 운영으로 하이테크 인력 확충
프랑스	• AI 선도 국가로 거듭나기 위한 정부 주도의 인재 양성 정책 마련 및 적극적인 투자 실시

인 및 마케팅 등 다양한 분야에 대한 교육 프로그램도 개발해 진행하고 있다. 또 개별 학습, 팀워크, 팀 간 작업 및 장기 경력 개발 툴Tool 같은 소프트 스킬Soft Skill 교육도 동시에 제공하고 있다. 이스라엘 내 설립 법인에 한해 경쟁 입찰 과정을 거쳐 부트 캠프 운영 기관을 선정하면 최종 선정된 운영 기관은 최대 3년 동안 프로그램을 진행하는 방식이다.

이공계 기피, 인재 결핍

이처럼 해외 선진국들이 경쟁적으로 과학기술 인재를 양성하는 데 나서고 있지만 한국은 도리어 이공계 기피 현상 심화와 함께 과학기술계 전반이 위축되고 있다. 자연 계열 최상위권 학생들의 의과대학 쏠림 현상이 지속되면서 4차산업혁명을 주도할 인재 기반을 확보하는 데 비상등이 켜졌다.

앞서 언급했듯이, 2018년 서울대학교 공과대학과 자연대학이 대학원 모집에서 처음으로 동시에 정원 미달 사태가 발생한 것이 단적인 사례다. 국내 최고 대학에서도 대학생들이 이공계를 외면하는 '이공계 엑소더스'가 현실화하고 있다는 방증이기 때문이다.

서울대학교에 따르면 2018학년도 전후기 서울대학교 공과대학과 자연대학 대학원(석사, 박사, 석·박사 통합 과정) 입학 경쟁률은 각각 0.88 대 1, 0.95 대 1에 그쳤다. 서울대학교 공과대학과 자연대학 대학원 지원자가 모두 미달한 최초의 사례다. 특히 서울대학교 공과대학은 2018학년도 후기 석·박사 통합 과정 모집에서 전체 15개 전공 중 절반이 넘는 8개에서 대거 미달 사태가 발생했다.

구체적으로 살펴보면 서울대학교 공과대학 재료공학부 하이브리드재료전공은 15명 모집에 단 2명만이 지원했으며, 화학생물공학부 에너지환경화학융합기술전공은 33명 모집에 5명이 지원해 3명이 최종 합격했다. 서울대학교 자연대학도 13개 전공 중 생명과학부, 지구환경과학부, 뇌인지과학과 등 7개가 정원을 채우지 못했다. 이는 심각한 과학기술 인재 양성 부족으로 이어지는 단초를 제공하고 있다. 서울대학교 학생들이 이공계 석·박사 과정을 외면한다면 결국 국내 4차산업혁명 동력 약화로 이어질 수 있다.

이공계 인재 유출 문제는 비단 서울대학교만의 문제가 아니다. KAIST, 대구경북과학기술원DGIST, 광주과학기술원GIST, UNIST 등 4개 과학기술원의 인재 중도 이탈도 증가세다. 2019년 1월 교육부 자료에 따르면 4개 과학기술원에서 2016년 133명, 2017년 143명, 2018년 171명의 중도 탈락생이 발생했는데 매년 증가하는 추세다.

국내 과학기술원 중도 탈락자 현황(2016~2018)

학교명	합계	2016	2017	2018
KAIST	220	72	75	73
UNIST	161	43	58	60
GIST	35	12	1	22
DGIST	31	6	9	16
합계	447	133	143	171

출처: 이상민 더불어민주당 의원실

일반 대학이 아닌 과학기술원이 흔들릴 경우 상황은 더 심각하다는 게 학계와 산업계의 우려다. 우리나라 과학기술 발전을 위해 육성해온 우수 인재들이라는 점에서 최전선이 무너질 경우 미래 연구 기반이 흔들릴 수 있기 때문이다.

특별법에 따라 설립된 과학기술원은 일반 대학에 비해 다양한 장학금과 저렴한 학비 등 혜택이 풍부한 만큼 재학과 입학을 포기할 요인이 많지 않다. 그럼에도 계속되는 의과대학 열풍과 연구원의 직업적·경제적 안정성을 보장해주지 않는 사회적 구조가 중도 탈락생을 막지 못하고 있다는 지적이 나온다.

의과대학 선호 현상은 이공계 우수 인재들이 이탈하는 주요 원인 중 하나다. 사회적 인정과 경제적 안정성이 보장되는 의학 계열 전문직의 인기가 계속되면서 의과대학 입시가 최상위권 이공계 인재들을 휩쓸어가는 블랙홀 역할을 하고 있기 때문이다. 이공계 인재들의 의과대학행은 고교 현장에서부터 나타나고 있다.

2017년 이동섭 국민의당 의원이 교육부에서 받은 '과학고/영재학교 계열별 진학 현황'에 따르면, 영재학교는 2017학년 졸업생

675명 중 8.4%인 57명, 과학고는 졸업생 1,676명 중 2.7%인 45명이 의학 계열로 진학했다. 과학기술 분야 전반의 처우가 개선되지 않다 보니 연구 개발에 뜻이 있는 소수만이 연구원의 길을 선택하고 있다. 과학기술자의 사회적 영향력을 확대하고, 연구원의 직업적·경제적 안정성을 보장해주는 등 보다 실질적이고 실효성 있는 대책 마련이 필요한 시점이다.

병역 특례 부활 검토

갈수록 심화하는 이공계 인재 유출 문제는 전문연구요원 제도 폐지와 맞닿아 있다. 전문연구요원과 산업기능요원을 포함하는 병역특례요원 제도는 중소·벤처 기업에서 일하면서 병역 의무를 대체할 수 있는 제도다.

그런데 2016년 국방부는 병역 자원 감소를 이유로 병역특례요원 제도를 단계적으로 줄여 2023년 완전히 폐지하겠다는 계획을 밝혔다. 전문연구요원 등 병역 특례 제도가 폐지되면 이공계를 전공해도 연구자들이 안정된 연구 환경을 찾기 힘들다는 우려의 목소리가 높다. 국방부 발표 당시 과학기술원은 물론 서울대학교, 성균관대학교, 연세대학교, 한양대학교 등 9개 대학이 전문연구요원 폐지 반대 의견서를 공동으로 발표하기도 했다.

병역특례요원 제도가 이공계 유인 효과가 있다는 점은 다양한 연구 결과를 통해 입증된 바 있다. 2018년 3월 서울대학교 재료공학부

곽승엽 교수가 공개한 '전문연구요원 제도 운영 및 선발의 현황과 성과 분석' 보고서에 따르면, 전문연구요원 제도는 이공계 기피 현상을 완화하고 이공계 인재의 해외 유출을 방지하는 효과가 있다.

곽승엽 교수가 서울대학교, 고려대학교, 연세대학교, KAIST, 포스텍 대학원생 1,565명을 대상으로 설문 조사를 실시한 결과 전문연구요원 제도가 박사 과정의 진학을 결정하는 데 영향을 끼쳤다는 응답은 80%에 달했다. 전문연구요원 제도가 이공계 기피 현상을 완화하는 데 도움이 되는지 묻는 문항에서는 62%가 긍정적으로 답했다. 전문연구요원 제도가 폐지되면 해외 대학원 진학을 선택하겠다는 비율도 49%로 높았다.

2012년 과학기술정책연구원에서 발간한 '고급 과학기술 인력 양성을 위한 전문연구요원 제도의 효율적 운영 방안 연구'에서도 대학 및 기업체에서 복무하는 전문연구요원을 대상으로 조사를 실시한 결과, '이공계 유인 효과'와 '연구직 요인 효과'가 있는지에 대한 질문에 60% 이상이 높은 효과가 있다고 응답했다. 특히 대학에 복무하는 전문연구요원의 경우 그 효과가 더 크다고 봤다. 전문연구요원 제도가 없었다면 30% 이상이 석사 자체를 진학하지 않았을 것이라고 응답하는 등 대부분이 석·박사 진학 시 전문연구요원 제도의 이용 여부를 고려하고 있는 것으로 조사됐다.

밀리테크4.0으로 축약되는 현대의 국방력은 과거와 달리 병역 자원의 수보다는 탄탄한 기초 과학과 원천 기술 역량을 기반으로 한 첨단 국방 기술과 무기 체계로써 확보될 수 있다. 따라서 병역 자원 감소를 이유로 국가 미래를 책임져야 할 핵심 이공계 인력의 연구

경력을 단절시켜 국가 경쟁력 약화를 초래하는 것은 국방 인력 자원을 양적 측면에서만 바라본 근시안적인 접근이라고 할 수 있다. 과학기술 역량을 갖춘 우수 인력을 배출하는 것이 밀리테크4.0 시대를 맞아 국방력을 확보하기 위한 근본 해결책이 될 수 있다.

대학 개혁

결국 근본적인 해법은 대학에 있다. 대학을 중심으로 고급 인력을 양성해야 한다. 4차산업혁명에 대비한 고급 인재 양성을 위해 거점 대학 중심의 선택과 집중Hub & Spoke 전략을 추진해야 한다. 일본, 중국 등 해외 선진국들은 4차산업혁명에 신속하게 대응하기 위해 거점 대학 중심의 고급 인재를 양성하고 확산하는 전략을 채택했다.

중국의 경우 중국과학원대학은 AI에 특화한 인재 양성을 위해 2017년부터 인공지능기술단과대학을 운영하고 있으며 일본은 대학 기반 컨소시엄을 구축해 교육 및 연구 활동을 촉진하고 있다. 우리나라도 신속한 4차산업혁명 대응을 위해 거점 대학 설립 전략의 선택과 집중이 필요하다. 기존 대학 중에서 AI 연구와 관련된 교수진 및 교과 과정을 갖춘 대학에 가칭 AI대학원을 신설해 AI 고급 인재를 확보하는 시간을 단축시켜야 한다. 현재 세계적으로 선도 경쟁이 치열한 AI를 시작으로 다른 분야로도 확산이 가능한 전략이다.

국내외 현장 맞춤형 교육을 실시하기 위한 방안도 마련해야 한다. 현장과 교육의 미스매칭을 최소화하고, 인재의 산업 현장 활용성을 제고하기 위해서다. 일본과 이스라엘은 교육과 R&D를 병행하거나, 인턴십 및 채용 연계 프로그램을 추진해 교육과 산업 현장의 간극을 최소화하고자 노력을 경주하고 있다. 특히 이스라엘은 코딩 부트 캠프를 운영하면서 프로그래밍 언어 교육을 실시하고, 이수자를 대상으로 인턴십 및 채용 연계 기회를 제공한다.

우리나라도 인력 양성 정책의 일환으로 인턴십과 채용 연계 프로그램을 추진하고 있으나, 신기술의 융복합 특성을 반영한 현장 맞춤형 프로그램 개발이 필요하다. 예컨대 그간 일대일로 컨소시엄을 맺던 프로그램에서 탈피해 다수의 대학과 기업이 다대다 컨소시엄을 구성하고 R&D와 인턴십 프로그램을 추진토록 하면 학생 연구원은 다양한 분야를 경험한 후 현장에서 실무에 투입될 수 있다.

끝으로 해외 네트워킹 형성 및 활용의 중요성도 강조하지 않을 수 없다. 미국, 일본, 중국 등 주요국의 대학 및 연구 기관과 협력해 인재 및 연구자 교류를 확대해야 한다.

우선 4차산업혁명 대응을 위한 인재 양성 분야에서 선도적인 역할을 담당하는 해외 유수의 대학들과 MOU를 체결해 운영 노하우 등을 벤치마크해야 한다. 또 장학금, 인턴십 기회, 이중 학위 수여 등 인센티브를 제공함으로써 해외 인재들의 국내 대학 유입과 우리나라 인력의 해외 진출을 고취할 수 있다. 예컨대 중국은 미국과의 협력을 기반으로 AI 인재의 국제 양성 계획을 발표하고 인재 및 교수진을 양성하는 데 노력을 쏟아붓고 있다.

참고문헌

"2019 국제 정세 전망", 국립외교원 외교안보연구소, 2018.

"2019 한국의 선택", 아산정책연구원, 2019.1.1.

"4차산업혁명 시대 국방 사이버 보안 시장 현황과 향후 과제", 산업연구원, 2018.5.

"4차산업혁명과 연계한 미래국방기술", 〈국방과학기술조사서〉, 국방기술품질원, 2017.12.

"'4차산업혁명의 위기' 과기원 중도 이탈 증가 … '의대 열풍 전문연 폐지에 정치 공세까지 겹쳐'", 〈베리타스알파〉, 2019.1.12.

"5G의 선구자는 한국, 5G의 마법사는 누구?", 〈조선일보〉, 2018.12.10.

강석율, "미국의 우주군 창설 추진 동향과 향후 전망", 〈동북아안보정세분석〉, 한국국방연구원, 2018.12.3.

"군 자원을 활용한 과학기술 인력 양성 방안 수립 연구", KAIST 안보융합원, 2018.6.

김성걸, ""안보 위협" vs "기술 자립" … 美-中 '하이테크 전쟁'", 〈대외학술활동시리즈 2018-61〉, 한국국방연구원, 2018.9.3.

김용진/김진우/박진호, "인류의 미래와 수소 에너지 경제", 한국자동차산업학회, 2018.10.

김종열, "미국의 제3차 국방과학기술 상쇄전략에 대한 분석", 〈융합보안논문지〉 제16권 제3호, 2016.

김철환/육춘택, 《전쟁 그리고 무기의 발달》, 양서각, 1997.

김철환/이채언/하철수, 《전장 기능별 무기 체계론》, 한국군사문제연구원, 2015.7.27.

노상우/송유하/최종민, "4차산업혁명 대응을 위한 국방 기술 기획 분석 및 개선 방안 연구", 국방기술품질원, 2018.

"대한민국 사이버 보안, 대통령의 리더십이 필요하다", 〈보안뉴스〉, 2017.3.23.

댄 세노르/사울 싱어 지음, 윤세록 옮김, 《창업 국가》, 다할미디어, 2010.8.15.

"〈무관 리포트 지금 세계는〉'첨단 군사과학기술 우위' 확보로 새 도약 노린다", 〈국방일보〉, 2018.1.8.

"미·중 무역 분쟁에 따른 국가별 GDP 영향 비교", 한국무역협회, 2018.

"미래 사회 변화 대응 과학기술 인재 육성 방안 연구", 한국과학창의재단, 2017.3.24.

"미중 간 반도체 확보 전쟁 양상과 영향", 〈한국군사문제연구원 뉴스레터〉, 2018.12.17.

"美-中, 무역 전쟁보다 AI 개발 경쟁이 더 위험", 〈동아일보〉, 2019.1.7.

"바이오 덩치 커졌지만 기술 격차 해소 과제", 〈매일경제〉, 2019.1.9.

박민선/이경재, "4차산업혁명 시대 대응을 위한 국방 R&D 추진 전략", 〈KISTEP Issue Weekly〉, 한국과학기술기획평가원, 2018.9.

박영현, "미중 무역 전쟁과 남북 관계", 〈이슈브리프 18-58〉, 국가안보전략연구원, 2018.

박지훈, "4차산업혁명 시대 한국군 군사 혁신 추진 방향", 한국국방연구원, 2018.1.15.

박지훈, "4차산업혁명과 연계한 미래 국방 기술", 국방기술품질원, 2017.

배영자, "미중 패권 경쟁과 과학기술 혁신", 〈국제·지역연구〉 제25권 제4호, 2016.12.8.

"[BOOK 북카페] '올바른 혁신' 군사력보다 강하다", 〈중앙일보〉, 2007.12.21.

《세계 방산 시장 연감》, 국방기술품질원, 2019.

"세계는 나노 기술 전쟁 중 (1) 미국", 〈전자신문〉, 2004.3.25.

"세계사 바꾼 무기의 진화", 〈주간동아〉, 2008.3.12.

"스마트 센서 어디까지 왔나", 〈디지털타임스〉, 2018.5.30.

신꽃비/나수엽/박민숙, "미국의 중국 기업 대미 투자 제한 강화와 시사점", 〈KIEP 오늘의 세계 경제〉, 대외경제정책연구원, 2018.8.29.

신성원, "미·중 무역 갈등과 향후 전망", 〈IFANS 주요국제문제분석〉, 국립외교원 외교안보연구소, 2018.12.20.

"[알아봅시다] 군사 목적으로 시작된 정보기술", 〈디지털타임스〉, 2009.8.11.

"우수 과학기술 인재의 국방(軍) 분야 활용 방안 연구", 육군사관학교 산학협력단, 2016.

"우연히 탄생한 'P-51 머스탱' … 美 역사 이끈 '최고의 전투기'로", 〈조선비즈〉, 2017.8.31.

이강봉, "미사일 기술로 내시경 캡슐 개발 세계 신산업 창조 현장(149)", 〈The ScienceTimes〉, 2018.8.28.

이중구, "중장거리 타격 능력 갖춰 … 인근 국가에 '위협 요소'", 〈심층 분석 세계 안보 정세―중국의 지상 공격 순항 미사일 DH-10의 발전〉, 한국국방연구원, 2018.12.24.

이철용/문병순/남효정, "향후 5년 미중 관계 변화와 영향", LG경제연구원, 2017.9.7.

"인터넷·라디오·하이힐 … 군 기술로 시작해 생활 속으로", 〈프리미엄조선〉, 2017.6.11.

장윤종, "미중 무역 분쟁과 세계 경제의 대변화, 한국 산업에 위기인가·기회인가?", 산업연구원, 2018.4.

"장하준 교수 인터뷰, [세계 지성과의 대화 ③]", 〈경향신문〉, 2019.1.14.

전재성, "미국의 국방 예산 추이와 미국의 안보 전략", 〈국가 안보 패널〉, 동아시아연구원, 2017.4.

"전쟁은 모든 역사의 시발점이자 전환점", 〈헤럴드경제〉, 2007.12.20.

정병걸, "중국의 과학기술 정책과 행정 체제 변화", 〈과학기술 정책〉, 2017년 3월호.

"제2차 민·군 기술 협력 사업 기본 계획안", 국가과학기술심의위원회, 2018.2.23.

제이슨 게위츠 지음, 윤세문/박지수/이영래 옮김, 《이스라엘 탈피오트의 비밀》, 알에이치코리아, 2018.6.5.

조영갑/김재엽/남봉우, 《현대 무기 체계론》, 선학사, 2013.9.10.

"중국 AI, 미 항공모함 겨냥 '벌 떼' 작전 노린다", 〈중앙일보〉, 2019.1.1.

진석용, "미국 혁신적 연구의 산실 DARPA", 〈LGERI 리포트〉, 2013.

"해외 주요국의 4차산업혁명 대응 인재 양성 정책 동향", 〈해외 ICT R&D 정책 동향〉, 정보통신기술센터 2018-02호.

홍익희, "국방 전략의 패러다임 전환이 필요하다 … 이스라엘의 자각과 '컴퓨터 전쟁'", 2016.2.12.

"[火요일에 읽는 전쟁사] '무대포'는 정말로 무모하기만 했던 도전이었을까?", 〈아시아경제〉, 2017.4.11.

"[火요일에 읽는 전쟁사] 화약을 처음 개발한 사람은 100살 넘긴 중국 의사?", 〈아시아경제〉, 2017.1.17.

"화약 무기의 확산이 근대 국가 탄생의 원동력", 〈중앙선데이〉, 2015.4.5.

"Chip wars: China, America and silicon supremacy", *Economist*, 2018.12.1.

Graham Allison, *Destined for War: Can America and China Escape Thucydides's Trap?*, Scribe Publications, 2017.7.3.

http://bemil.chosun.com/nbrd/bbs/view.html?b_bbs_id=10158&pn=1&num=2715&1boon

http://bemil.chosun.com/nbrd/gallery/view.html?b_bbs_id=10044&pn=2&num=188622

https://science.howstuffworks.com/10-game-changing-technologies10.htm

https://triplehelixblog.com/2011/02/do-better-weapons-win-wars-the-role-of-technologyin-warfare

https://www.defense.gov/News/Speeches?Speech-View/Article/606641/the-third-us-offsetstrategy-and-its-implications-for-partners-andallies/

https://www.dodlive.mil/2016/03/30/3rd-offset-strategy-101-what-it-is-what-the-tech-focuses-are/

https://www.pocket-lint.com/gadgets/news/143526-27-military-technologies-that-changed-civilian-life

Mariana Mazzucato, *The Entrepreneurial State*, Anthem Press, 2013.2.

"Washington unnerved by China's 'military-civil fusion'", *Financial Times*, 2018.11.8.

밀리테크4.0

초판 1쇄 2019년 3월 20일
초판 3쇄 2023년 9월 28일

지은이 매일경제 국민보고대회팀
펴낸이 최경선
책임편집 서정욱
디자인 푸른나무디자인
마케팅 김성현 한동우 구민지

펴낸곳 매경출판㈜
등 록 2003년 4월 24일(No. 2-3759)
주 소 (04557) 서울시 중구 충무로 2 (필동1가) 매일경제 별관 2층 매경출판㈜
홈페이지 www.mkbook.co.kr
전 화 02)2000-2610(기획편집) 02)2000-2636(마케팅) 02)2000-2606(구입 문의)
팩 스 02)2000-2609 **이메일** publish@mk.co.kr
인쇄·제본 ㈜ M-print 031)8071-0961
ISBN 979-11-5542-745-3 (03320)

책값은 뒤표지에 있습니다.
파본은 구입하신 서점에서 교환해 드립니다.

이 도서의 국립중앙도서관 출판예정도서목록(CIP)은 서지정보유통지원시스템 홈페이지(http://seoji.
nl.go.kr)와 국가자료공동목록시스템(http://www.nl.go.kr/kolisnet)에서 이용하실 수 있습니다.
(CIP제어번호: CIP2019008562)